领导干部家风建设研究

研究

· 兰继华 著

内蒙古人民出版社

图书在版编目（CIP）数据

领导干部家风建设研究／兰继华著. -- 呼和浩特：
内蒙古人民出版社, 2025. 1. -- ISBN 978-7-204-
18143-8

Ⅰ. D263；B823.1

中国国家版本馆 CIP 数据核字第 2024PG3922 号

领导干部家风建设研究

LINGDAO GANBU JIAFENG JIANSHE YANJIU

作　　者	兰继华	
策划编辑	王　静	
责任编辑	郭婧赟	
封面设计	安立新	
出版发行	内蒙古人民出版社	
地　　址	呼和浩特市新城区中山东路 8 号波士名人国际 B 座 5 楼	
网　　址	http://www.impph.cn	
印　　刷	内蒙古恩科赛美好印刷有限公司	
开　　本	710mm×1000mm　1/16	
印　　张	12.25	
字　　数	200 千	
版　　次	2025 年 1 月第 1 版	
印　　次	2025 年 1 月第 1 次印刷	
书　　号	ISBN 978-7-204-18143-8	
定　　价	85.00 元	

如发现印装质量问题,请与我社联系。联系电话:(0471)3946120 3946124

前　言

　　本书包括六个方面的内容：一是在导论部分介绍了领导干部家风建设的研究背景与研究意义、国内外研究现状、研究方法与研究思路等，特别是在核心概念界定中，对家风的概念、内涵、特征、功能及传统家风的主要精髓进行了深入的剖析和论证，这为后面分析和研究领导干部家风的概念、内涵和特征夯实了基础。二是对领导干部家风的相关问题进行了阐述。这部分内容包括领导干部家风的概念、内涵、特征、功能及领导干部家庭的内外关系，对家风与党风的相互关系进行了分析、论证。三是对注重官员家风建设的中国传统文化与中国共产党加强领导干部家风建设的优良传统进行了分析和剖析。这部分内容主要是按照时间顺序介绍、分析历史上的一些优良家风，剖析了老一辈无产阶级革命家的红色家风，旨在说明中华民族自古以来就有重视家庭家风家教的优良传统，通过对这些历史名人的优良家风和红色家风的分析和思考，分析论证家风是中华优秀传统文化的重要组成部分，最终可以明确家庭治理内嵌于国家治理之中，家庭秩序与政治秩序、家庭伦理与国家伦理交融互动的特征尤为明显。同时，这部分还说明了中国共产党历来重视领导干部家风建设，建设清廉清正清白家风是中国共产党的优良传统和独特优势。老一辈无产阶级革命家在革命、建设和改革中形成的优良传统和作风，内涵极其丰富，包含着爱党爱国的家国情怀、勤俭节约的廉洁本色、严守纪律的精神品质。这种优良家风不仅教育和影响着他们各自的后人，更是成为新时代中华儿女攻坚克难、接续奋斗、奋勇前进的精神伟力和磅礴动力。四是对领导干部家风建设的重要性和紧迫性进行了较为完备和充分的论证。五是对领导干部家风存在的问题和成因进行了深入的剖析和阐述，找到领导干部家风问题的症结，进而对症下药，以解决领导干部家风存在的各种突出问题。六是对新时代领导干部家风建设的路径进行了深入的探析。这部分从五个方面的路径进行了探析：传承和弘扬优良家风及促成个体品德形成、领导干部要处理好家庭内外的各种关系、积极推动传统家训家规家风的创新转型、充分发挥妇女在家风家教家庭中的作用、建立健全领导干部完善的家风制度体系。

目　录

导 论

第一节 研究背景与研究意义

一、研究背景

党的十八大以来，面对一些领域消极腐败易发多发的现象，中国共产党用壮士断腕、猛药治疴、刮骨疗毒的决心和勇气深入推进反腐败斗争，一大批腐败分子纷纷落马。这些"大老虎"落马的背后都有一个共性问题，就是都不同程度地呈现出"全家腐"的特征，家庭与家族腐败的特征比较明显。近年来，从我国各级纪检监察部门查处的关于领导干部违法违纪案件来看，很多腐败也都是祸起萧墙。2015 年 10 月，中纪委在某通告中首次使用了"家风败坏"一词，"为其子经营活动谋取利益，家风败坏、对配偶子女放任纵容"。领导干部家庭家教家风问题越来越引起人们的关注，领导干部家风建设也逐渐成为党风廉政建设的重要范畴、重要内容。在 2015 年的春节团拜会上，习近平总书记明确强调："不论时代发生多大变化，不论生活格局发生多大变化，我们都要重视家庭建设，注重家庭、注重家教、注重家风。"2015 年 2 月 28 日，习近平总书记在主持中央全面深化改革领导小组第十次会议时特别强调："领导干部的家风，不是个人小事、家庭私事，而是领导干部作风的重要表现。各级党委（党组）要重视领导干部家风建设，把它作为加强领导班子和领导干部作风建设的一项重要内容，定期检查有关情况。"习近平总书记多次提到家风，强调家风建设在国家、社会及家庭发展中的作用，是有着深刻的执政考量。党的十八大以后，以习近平同志为核心的党中央坚持党要管党、全面从严治党，在全面从严治党的关键时期，领导干部的家风不再是个人小事和家庭私事，而是领导干部作风的重要体现，也是关系到党风、政风、民风及社风整体好转的关键。习近平总书记重视领导干部家庭家教家风，领导干部严于律己、严以修身的同时，廉洁齐家，对领导干部家人也作了严格的要求。领导干部家风建设已经成为全面从严管党治党的重要抓手，强化领导干部的家风观念，加强领导干部家风建设的针对性和有效性，推动领导干部家风建设走向制度化、系统化和规范化。

二、研究意义

（一）理论意义

围绕领导干部家风建设进行研究，有利于对中华优秀传统文化的传承和弘扬。家风是中华优秀传统文化的重要组成部分，对传统文化中适合于调理社会关系和鼓励人们向上向善的内容，我们要结合时代条件加以继承和发扬，赋予其新的内涵。中华民族先人在长期的生产和生活中形成的价值观念、行为准则、思想观念、文化风格等，我们要取其精华去其糟粕，在继承的基础上融入时代的价值导向，做到创造性发展和创新性转化。

研究领导干部家风建设可以更好地推进全面从严管党治党。领导干部家风建设是党风廉政建设的重要组成部分，对净化党内政治生态、严肃党内政治生活、发展健康的党内政治文化起到了极其重要的作用，是预防领导干部走向违法违纪之路的重要举措，可以很好地以党风促政风带民风。

（二）实践意义

加强领导干部家风建设，有利于形成良好的社会风气。天下之本在国，国之本在家，家庭是社会的细胞，家庭稳定是社会稳定的基础，也是建立良好政治秩序和社会秩序的基础。领导干部家风具有风向标的作用，建设好领导干部家风能够在全社会形成良好的道德氛围，树立新时代家庭道德伦理理念，推动社会主义家庭文明新风尚的形成。

　　加强领导干部家风建设，有利于更好地遏制腐败的发生。领导干部家风是党风廉政建设的重要组成部分，领导干部家风好，则党风好、政风清、民风淳、社会良，故必须将领导干部家风建设作为全面从严治党的重要抓手。党的十八大以来，反腐败斗争取得了重大胜利，一大批贪腐官员被查处，但是管党治党的任务仍然任重道远。所以，对领导干部家风存在的问题进行深刻剖析，对领导干部家风建设的路径进行科学的规划和研究，有利于预防和遏制腐败的滋生蔓延，净化党内政治生态，将全面从严治党要求落到实处。

第二节　国内外研究综述

一、国内研究现状

　　任何一个中国人的内心深处，都有着受中国传统文化熏陶而形成的共同价值观，这是在任何时候都无法改变和抹去的。家风是一种优秀的文化遗产，有着深厚的社会根基，它扎根在民间，从先秦到秦汉、魏晋南北朝，一路下来到明清，历朝历代的百姓都有着自己的家风。家庭是中国社会的细胞，家风则是一个家庭或家族的基因，对家庭或家族的兴旺发达以及对外形象具有决定性的作用。家风一词，在新编汉语《辞海》中释义为"家庭或家族世代相传的风尚、生活作风"，它是一个家庭或家族在共同生活和繁衍的过程中，逐渐形成并代代相传、用以约束家庭成员的一种作风和风尚。它与家教、家训、家规等密切相关，从整体上反映了家庭成员的道德品质和精神风貌，是家庭伦理和家庭美德的集中体现。

　　中国人向来重视家风，认为家风是构成个人、家族与民族精神成长的重要源头。有史以来，家风的建设、传承与弘扬影响家族成员的一生，主导家庭的现在和未来，关乎民族的兴旺发达与开拓创新。换言之，家风的好坏，制约着国家、社会肌体的好坏。放眼古今，但凡有所作为的帝王将相都十分重视家风，因为他们懂得家风好，就能治好家、做好官、理好政。反之，家风不好，易生败子，易出佞臣，小则毁家，大则误国。领导干部的作风与家风，相互牵连、相互影响。可以说，党风引领家风，家风折射党风。正家风是领导干部严以修身、遵规守纪、发挥表率作用的重要内容。2015 年 2 月，习近平总书记主持召开中央全面深化改革领导小组第十次会议时强调："领导干部的家风，不是个人小事、家庭私事，而是领导干部作风的重要表现。各级党委（党组）要重视领导干部家风建设，把它作为加强领导班子和领导干部作风建设的一项重要内容，定期检查有关情况。"家风正，则民风淳；家风正，则政风清；家风正，则党风端。从近年来各级纪检监察机关查处的领导干部违纪违法案件看，很多腐败之祸的起因"不在颛臾，而在萧墙之内也"。

家风连着党风政风，家风是抵御腐败的一道重要防线。对家风建设的研究也越来越受到学术界的重视，学者们也是仁者见仁，智者见智。笔者梳理学者们的研究，主要从以下角度对家风建设进行了阐述：

一是对家风建设先进典型的研究。很多学者研究了古今许多名人的家风建设情况，通过对这些家风建设先进典型的研究，为我们建设优良家风提供了借鉴。彭大成论述了左宗棠的"子孙刻苦读书明理，贵在力行致用；要永葆寒素家风，力戒各种恶习；坚持廉洁奉公，慷慨行善济困"的家教思想，他认为此家教家风不仅对今天普通的家庭教育有着重要的指导意义，对各级领导干部，特别是党的高级干部培养良好家教家风也有着更直接的现实意义与教育作用。刘绪义对曾国藩的家风进行了深入分析，他认为曾国藩的家风内涵独特，那就是爱才是最好的家庭教育，家风是家长之风，非身体力行不足以成风气，为现代社会提供了重要启示。黑英英对周恩来家风建设进行了阐述，他认为周恩来的家风思想内涵丰富，影响深远，它包含着家庭德育教育的精华，对当代领导干部家风建设有深远的意义和启示。

二是对家风建设与党风廉政建设关系的研究。古人讲："修身、齐家、治国、平天下。""齐家"是"修身"的延续，也是"治国、平天下"的基础。良好家风的树立和培育，在现代社会依然是培养官员官德的重要方面。陈倩认为，领导干部清白家风已经成为党风廉政建设中不可忽视的重要方面，领导干部要时刻保持清醒头脑，营造清白家风，既要管好自己，又要管好亲属，以好家风涵养好作风。高峰认为，廉洁的作风，带出了良好的家风；良好的家风，又促进干部养成廉洁的作风。闫华认为，许多贪腐官员的腐败之路上，往往是一家子腐败，领导干部作为"国之栋梁""家之主人"，作为涵养家风的"关键少数"，当自觉摆正党性与亲情、家风与党风的关系，严格管好、管住子女和亲属，不以权谋私、不以权谋利，涵养好家风、滋养好作风、培育好党风，带头营造山清水秀的政治生态。

三是对家风与社会主义核心价值观的研究。王秋艳、汪斌锋认为，家庭是社会的基本单位，也是社会主义核心价值观落细、落小、落实的社会基点，建设家训家风，有利于家庭成员的价值观养成，正确看待并运用好家训家风建设，有利于社会主义核心价值观的培育。陆树程、郁蓓蓓认为，家风作为中华优秀传统文化的重要组成部分，和社会主义核心价值观具有文化同根性，家风传承对其的认知具有内化意义、强化意义，对其践行有深化的意义。良好家风的传承能够促使社会主义核心价值观真正内化于心、外化于行，对当代社会有效治理和可持续发展具有积极作用。

四是关于领导干部家风建设方面的研究。周泗琴对领导干部家风建设的路径进行了探讨，认为领导干部家风建设应围绕正确处理家庭内外关系而展开，突出其政治性、先进性、示范性的特点，加快领导干部家风建设法治化、科学化、制度化进程。谢志军认为，领导干部的家风如何，对党风、政风和社会风气有重要影响，领导干部的家风建设要从改善夫妻关系、亲属关系和邻里关系入手，其关键在于确立正确的权力观、亲情观、名利观和行事观。

二、国外研究现状

国外学术界很少提及家风这一词汇，关于领导干部家风的研究几乎是空白，主要针对家庭教育方面进行了研究。

夸美纽斯在他的著作《大教学论》中指出，孩子出生后的第一任老师就是父母，父母亲的言行对于孩子性格的养成具有重要的作用，他在书中还提到了父母亲的行为对孩子的重大影响；苏联教育家马卡连柯认为，父母亲要重视在日常生活中培育孩子的行为习惯，强调家庭教育要早，教育孩子要采取宽严相济的方式等；芬兰在家庭教育中融入家国情怀的培养，芬兰家长的教育理念——孩子不仅是家庭的，也是国家的，将孩子培养成对国家有用的人才，是父母的责任；日本人也非常重视对孩子的挫折教育，重视培育子女的吃苦耐劳精神。

第三节　研究方法与研究思路

一、研究方法

文献研究法。本研究的撰写离不开阅读大量的文献资料和科研素材，所以在研究过程中，通过收集与本研究相关的资料，从网络上查阅与本研究相关的论文、论著、报纸、期刊及党内法规等资料，通过收集、阅读、整理这些文献资料，分析、归纳、综合和总结，为本研究奠定坚实的理论基础。

实证分析法。"没有调查就没有发言权"，在研究过程中，对传统家风建设搞得好的地区、家族、家庭进行实地调研，对一些家风建设先进典型进行访问，对一些党风正家风良的领导干部进行访谈。对调研的典型案例进行深入分析和研究，对家风建设的状况、发展趋势及存在的问题进行分析和研判。通过收集到的资料，分析论证家风建设的相关情况，厘清家风与党风的关系，然后得出结论，为本研究提供强有力的支撑。

比较分析法。在梳理相关研究、实地调研与典型案例选择中，注重对我国家风与党风建设较为成功的家族、家庭、个人等进行横向和纵向对比。

二、研究思路

本研究从家风的内涵和表现形式来认知和界定家风这一传统文化的精髓，并且从家风这一传统文化视角下探讨领导干部家风建设的社会价值、内容及其途径。基本研究思路概括为：一是对传统家风进行分析梳理和比较研究，对传统家风进行价值鉴别，对传统家风的内涵、特征、表现形式、作用及当代理路进行解读；二是对目前传统家风利用认知和实践存在的不足进行梳理和分析研究，把家风放在社会实践发展语境中重新阐释，寻求家风对党风、政风、民风的应用价值；三是对目前领导干部家风问题进行分析和研判，阐述领导干部家风对党、个人、家庭和社会的影响，进而提出领导干部家风建设的必要性和紧迫性；四是探索领导干部家风建设的路径。

第四节　研究创新点、重点及难点

一、研究创新之处

（一）研究方法创新

综合运用多学科分析法，突出比较分析。通过社会调查与研究、对话访谈、文献检索等途径详细收集有关资料信息，为本项研究提供丰富的数据支持。对不同地区、不同类型的家风进行对比，探索研究领导干部家风建设的路径。

（二）学术思想创新

一是传统文化的根还在老百姓心里，在社会急剧变化和全球化进程中，对家风的传承与建设实现传统与现代的有效对接，把家风积淀下来的正能量发挥出来，由家庭带到社会，由社会再回到家庭；二是家风是领导干部个人、家庭和家族精神成长的重要源头，家风的建设、传承与弘扬影响家族成员的一生，主导领导干部家庭的现在和未来，影响着党、国家、社会肌体的好坏；三是正家风是全面从严治党的重大课题，从党的十八大以来查处的一些腐败大案要案来看，出问题的领导干部普遍带有"全家腐"的特点，所以领导干部要从严治家，成为全面从严治党新常态的忠实践行者。领导干部从严治家，是全面从严治党的窗口；四是有针对性地提出领导干部家风建设的路径，如处理好家庭内外关系、建立全面的亲属回避制度、推进领导干部家风建设制度化等。

二、研究重点难点

本研究的重点难点主要包括：一是对不同历史时期家风的梳理，总结家风建设的一般规律。由于各个历史时期人们的生产生活实践不同，形成的家风别具一格且多姿多彩，梳理出它们各自相对明显的个性风格及考量其当代传承价值是一个比较复杂繁重的工作。二是在探索研究领导干部家风建设的过程中，实现传统和现代的有效对接也是一个难题。三是总结提炼中国古今家风建设的成功经验，把家风创新运用到领导干部端正党风、改正作风，从加强党性修养、提高拒腐防变能力等方面提供有价值的理论也是一项具有挑战性的探索。

第五节　核心概念界定

天下之本在国，国之本在家。家庭是社会的细胞，是人生的起点，也是连接个人、社会与国家的桥梁与纽带，是培育家庭及家族成员的肥田沃土，是涵养优良家风家教的主要场域。"子不教，父之过""有其父必有其子……"等成为从古到今广大人民群众颇为耳熟能详的话题。家风的好坏、优劣直接决定着一个家庭或者家族的荣辱兴衰，决定着家庭成员的道德品质。家是最小国，国是千万家，家是浓缩的国，国家是家庭的放大与延伸，家运连着国运。所以，为了更好地展开后面的相关论述，就必须对家风的概念、内涵、特征、作用、影响及家风的形成和发展进行科学的界定与分析。

一、家风的概念

关于家风的概念，在新编汉语《辞海》中定义为"家庭或者家族世代相传的风尚、生活作风"，是从家风产生的场域、践行的人群、形式与内容三个层次进行界定的。学术界和理论界对家风的概念也是仁者见仁，智者见智，学者们对家风的内涵和属性等方面的认识还存在一定的差异，都从不同的角度对家风的概念进行了界定。

（一）学术界关于家风的概念梳理

在梳理30多位学者对家风概念的界定后，大体可以分为三大类：

从价值定性角度界定家风。有的学者认为，家风是一种行为准则、处事原则、风俗习惯和生活作风等，例如广西大学马克思主义学院的黄东桂教授认为："家风是指一个家庭在长期的生活实践中形成的较为稳定的行为规范和行为准则、处事原则、风俗习惯和生活作风等。"① 从黄东桂教授对家风概念的价值定性来看，她认为家风是一种行为规范和价值准则，对家庭及家族成员的行为起指导与规范作用。

从历史传承角度界定家风。中华民族历来重视家庭家风家教，家庭家风家教是构成个人成长的重要精神源头，家风的产生、建设、充实与弘扬最终产生家族文化，这种家族文化传承着过去，影响着家庭的现在和未来，影响着家庭家族成员的一生。所以，对于家风的概念，有的学者认为家风是一种家族文化。例如，荆门市委党校常务副校长郭强和荆门市委党校教授刘良军认为："家风是一个家族世代相传、逐渐沿袭下来，能够体现家族成员整体精神风貌、道德追求、生活品质、审美情趣和行为风尚的家族文化，是有别于其他家族的重要精神基因。"② 从郭强和刘良军两位学者对家风概念的界定来看，他们认为家风具有历史继承性，家风是通过家庭或者家族世世代代口口相传，或者用文字，即以家谱、族谱、宗谱、家训、家规、家箴等形式把思想观点、处事理念、价值观念和行为规范传承下来的家族文化认同。

从生产生活角度界定家风。例如，学者邓伟志认为"家风是指一个家庭的传统风俗习惯，是人们在长期的家庭生活中逐步形成和世代延传下来的生活作风、生活习惯、生活样式的综合。"③ 对邓伟志的观点作进一步解读，家风是一种生活作风、习惯和样式，是靠家庭或者家族中的长辈潜移默化教育和影响的结果，是家庭或者家族发展到一定历史阶段的产物，是家庭或者家族成员在长期的家庭生活中形成的道德氛围、核心价值等。

（二）家风的概念

从《诫伯禽》《诫子书》《帝范》《颜氏家训》《朱子家训》《曾国藩

---

① 黄东桂、颜文梅：《家风建设：社会主义核心价值观培育的基础路径》，《广西师范学院学报》（哲学社会科学版）2016 年第 37 卷第 2 期，第 132—136 页。
② 郭强、刘良军：《好家风是领导干部修身之要义》，《领导科学论坛》（下）2016年。
③ 邓伟志、徐新：《家庭社会学导论》，上海大学出版社，2006 年。

家书》等家训家规家书中提炼和升华，总结和梳理学者们的观点，结合笔者的思考与分析，得出家风的概念，即：家风是家庭或者家族的道德规范、行为准则、思维方式、价值取向、风俗习惯和历史文化在一个家庭或者家族中沿袭至今的生产生活方式及其表现样态。

二、家风的内涵

分析家风的概念，可知家风有四个方面的内涵：

首先，家风是传统文化。家风是一个家庭或者家族的文化传统，它以一种比较隐性的样态贯穿于家庭或者家族的日常生活中，潜移默化地影响着家庭或者家族成员。

其次，家风是行为准则。家风是一个家庭或者家族世代传承的行为准则，每一个家庭或者家族成员，无论男女老幼都要恪守祖训、遵循祖制，是能够规范家庭或者家族成员道德品行的一种风尚风格。

第三，家风是言传身教。家庭是人生的第一课堂，也是终身课堂，父母亲是每个人的第一任老师，家风是一种无言的风气、无字的遵循，是面对面、心连心，推心置腹式的经常性教育。这种言传身教的家庭教育方式对一个人世界观、人生观、价值观、行为方式及性格特征的形成与养成具有极为重要的意义，家庭家教影响着家风的形成与传承，同时也是家风的体现与折射。

第四，家风是道德伦理。家风深受中国传统文化的影响，家风有"仁、义、礼、智、信"和"忠、孝、仁、爱、信、义、和、平"的家庭或者家族道德伦理规范，这种道德伦理主要有"孝悌为本"的为人之道、"诚信做人"的处世原则、"勤俭持家"的治家之经、"笃学修性"的育人之法等。所以，家风作为家庭伦理道德，对家庭或者家族成员在为人处世、齐家树人方面起着道德教化和熏陶作用。

三、家风的特征

家风是家庭或者家族成员在长年累月的生活中慢慢形成并代代相传下

来的生活方式、生活作风、生活习惯、生活观念、行为规范、行为准则、价值观念、文化氛围、文化风格、人生信仰、精神价值等的总和，家风是具体的、历史的，是人类社会发展到一定历史阶段的产物，是人类社会一种复杂的精神文化现象。家风的特殊性决定了它具有多方面的特征。

（一）家风具有实践性

实践是认识的来源、认识发展的动力、检验认识真理性的标准。家风的实践性是指家风在家庭或家族成员的生产和生活实践中产生，这种生产和生活实践涉及的内容是多方面的，包括劳作、吃饭、穿衣、住房、行路等，还包括婚丧嫁娶、人际交往及读书学习等，家风就是先辈们在日常生产和生活中不断感悟和体验而形成的家庭文化，是家庭或者家族先辈们对生产和生活智慧的升华、凝炼和总结。家风来自于生产与生活实践，又通过家庭或者家族成员的生产与生活实践来传承和践行。不管是文本形式还是行为样态，家风都能够具有在实践过程中贯彻与践行的属性，没有一种专门教化而不能付之于行动的家风。家风的实践性包括两个方面的内容：一是自觉性实践。家庭或者家族中的长辈以言传身教等方式对子女等晚辈进行潜移默化的教育、教导，经过反复的积淀，将家风中的一些行为规范和价值理念在晚辈自觉自愿的行动中逐渐形成，使之在日常生活中自觉践行、自我约束。二是强制性实践。家风以家规的形式，告诫家庭或者家族成员什么事情该做、什么事情不该做，做错事还有相应的惩罚机制，让家庭或者家族成员在家规规定的框架内活动，例如山西的乔家，鼎盛时富可敌国，但一直勤俭持家，不让子孙浪费粮食，挥霍钱财，子孙如有浪费钱物者，就让其跪下反复诵读"一粥一饭，当思来之不易；半丝半缕，恒念物力维艰"，直到承认错误。

（二）家风具有时代性

家风的时代性是指家风在时间和空间两个维度上与所处的时代特征相适应。家风是在一定时代背景和条件下形成的，家庭或者家族所在的社会发展阶段与历史时期决定了家风的本质和特征，家风的产生、形成与发展与一定的历史时期相联系，受当时的政治、经济、文化、社会、生产方式、生产力发展水平、生产关系等因素的影响，家风作为一种风气和文化，在某种程度上是对当时社会发展阶段经济、政治、社会及生活的认知、反映和表现。家是最小国，国是千万家，家是国的缩影。在我国封建社会，皇权至上，普天之下莫非王土，率土之滨莫非王臣，受这种政治因素的影响，封建社会很多家庭或者家族的家风也带有浓厚的家长制色彩。家风的时代性还表现在，家风不是一成不变的，很多家庭或者家族在继承前人的基础上突破陈规，与时俱进，推陈出新，会随着时代的发展而发生变化，也会随着时代的发展而不断补充与时代发展相适应的内容。新文化运动之后，民主与科学得到了广泛传播，家风中的民主氛围也就越来越浓。

（三）家风具有稳定性

家风的稳定性也有两个方面的内容：一是家风样态的稳定性。家风在家庭或者家族成员长期的生产和生活中逐渐产生，是先辈们的生产劳动体验、生活经验的总结。家风一旦形成，其样态、样式在很长一段时间内会保持稳定的状态，因为家庭或者家族，尤其是古代的家庭或家族固守在一定的场域，流动性小，且相对封闭，所形成的家风受外界的干扰和影响小。家庭或者家族成员长期在家风的影响和熏陶下，其价值理念、生活方式、文化氛围、家庭风尚、行为模式、交往方式、处世之道等都会根深蒂固，成为家庭或者家族成员的精神基因，是家庭或者家族成员共同的精神信仰，是家庭或者家族数代人对祖训的恪守与价值的追求，可以说家庭或者家族成员时时、处处、事事、代代都受家风的影响。二是家风内容的稳定性。家风内容的稳定性是指家风尽管与时俱进，会随着时代的发展不断补充与时代发展相适应的新的内容，但是家风的主体内容一经形成，则很少发生变化，例如，忠孝、礼义、勤俭等在中国传统家风文化中变化不大，直至今日还被很多家庭作为重要遵循并加以传承。

（四）家风具有多样性

从宏观层面来看，从古到今，每一个社会、每一个国家、每一个阶层及每一个群体的价值取向都具有多元的特征，在每个国家、每个社会的不同人群、不同阶层存在着各种各样的价值取向，因而形成了各种各样的价值理念和道德规范。中华民族是一个由多个民族组成的大家庭，各民族均为中华民族创造了辉煌灿烂的文明，各民族之间交往、交流、交融，形成了中华民族共同体意识，但是不同的民族也有自己独特的生活方式、文化风格、处世方法、文化氛围及精神风貌等，这就决定了家风呈现出差异性的特征，在不同民族之间也表现出了多样性的特征。

从微观层面来看，由于家庭或者家族先辈的立场不同、观点不同、世界观不同、人生观不同、价值观不同、思维方式不同，知识、能力、学历、履历等不同，看问题的方式与角度不同，生活的场域不同、生产体验与感悟不同，家庭或者家族的兴衰发展历史不同、生活方式与生活状况不同，所以先辈们在长期的生产和生活实践中通过认识与反思凝结的道德观念、精神风貌、文化风俗及价值准则等都会呈现出差异性，因而家风也呈现出多样性，民间流传的"五里不同俗，十里不同风"说的就是这个道理，如在家庭或者家族成员的喜好和特长方面，有的家庭或家族成员爱好音乐，有的家庭或家族成员喜欢体育，有的家庭或家族成员则在读书学习方面很有天赋，有的家庭或家族成员则热爱劳动等；在家庭或者家族成员的性格特质方面，有的家庭或家族成员性格内敛谦和，有的家庭或家族成员性格外向活泼，有的家庭或家族成员性格包容大度，有的家庭或家族成员性情豪爽耿直等。在家风的涵养下，不同的家庭或者家族在生产和生活中的样态往往会被打上本家族特有的烙印，使得家风意蕴具有鲜明的家族特征。

（五）家风具有传承性

传承性是家风较为典型的特征。家风的传承性主要表现在代际传承，即家风在家庭或者家族内部形成，并且通过家庭或者家族成员相互影响代代相传，虽然历经社会的变迁、战乱的影响、居住场域的变化，但是只要一个家庭或者家族香火不断，家风就会薪火相传。每一代家庭或者家族的家风都是对先辈家风的继承，随着时代的发展，家庭或者家族成员也会在新的实践基础上继承前人，又突破陈规，不断演化，推陈出新，抛弃一些糟粕性的、不符合时代发展要求的家风内容，补充一些新的适应社会发展的内容，形成符合时代特征的家风，做到历史与现实相统一。家风的代际传承，影响着家庭或者家族成员的过去、现在和未来，使得家庭或家族成员在家风的涵养下生生不息地生存和繁衍，也使得家风在传承中保存、发展并发扬光大。一般的社会风气在不同的历史时期和社会阶段会发生根本性的变化，而家风却能够在家庭或者家族成员的潜移默化中代代传承。

此外，家风的传承方式与传承手段也有很多，或者通过家庭或者家族长辈口口相传，或者以文字记录的形式代代相传。良好的家风体现的是长辈对晚辈的潜移默化、耳濡目染的教育，这样的家风会随着时间的推移，生根发芽，枝繁叶茂。

（六）家风具有通俗性

家风的通俗性主要是从家风的内容方面来说的，通俗性是指家风内容言简意赅、通俗易懂、语言简练、智慧理性，语句短小精悍朴实、说理平易近人、内容不晦涩艰深，而且读起来朗朗上口。由于在家庭或者家族中，其成员知识水平有高低之分，年龄有大小之别，理解能力也各有不同，家庭或者家族的先辈们就将生产和生活中的感悟、体验及认识形成简明扼要的道理、观念及规范等，这种道理、观念最后被凝炼和升华为浅显易懂的话语，反映的却是深奥的道理，体现了高尚的道德情操和精神价值，概括了家庭或者家族的文化内涵。以这种通俗易懂的方式将家风表现出来，是为了便于家庭或者家族成员记忆、背诵和践行。例如，中华传统文化中反映耕读传家、诗书传家的思想——耕读忠信义传家教子，温良恭俭让和睦待人，可以将之写成对联、楹联等挂于客厅及大门等地方，作为家庭或者家族成员修身养性、传家教子的重要遵循。还有"忠厚传家久，诗书继世长""勿以恶小而为之，勿以善小而不为""家和万事兴""志士不饮盗泉之水，廉者不受嗟来之食""授之以鱼，不如授之以渔"等，虽然语言简洁短小，但反映出了一个大道理。

（七）家风具有社会性

家风是家庭或者家族的先辈们在生产和生活中产生的，家风需要家庭或者家族几代人甚至十几代人日积月累才能形成。家风在潜移默化中滋养着家庭或家族成员，不知不觉地影响着家庭或家族中的每一位成员，而家庭是人生的起点、家族的始点，是社会的细胞、民族的纽带，个人、家庭和社会是紧密相连的。从这个意义上来看，家风虽然产生于家庭，且体现在家庭日常生活中的方方面面，体现在家庭成员的衣食住行中，但是不限于家庭，不游离于社会之外，更不是关起门来与世隔绝。因为人在其现实性上是一切社会关系的总和，人是具有社会性的人，所以家庭成员在步入社会之后，其价值理念、为人处世、行事风格、生活习惯及思维方式等都会与他人产生联系，使家风表现出社会性的特征。

首先，家风为社会发展提供精神保障。家庭或家族是个人终身都要接触和生活的场所，优良的家风有利于塑造个人良好的品行，个人的禀赋、性格、观念和品行的初步形成主要受长辈和家风的教育和影响，家庭成员的言行举止、性格气质等就是长辈行事作风的微观缩影，个人看待社会、步入社会及社会化都会被深深地打上家庭的烙印。一个家庭的成员之间和睦相处得益于优良的家风，社会的祥和安宁也离不开优良的家风。所以，优良的家风是人际和顺、家庭和睦、社会和谐的精神保障。

其次，家风涉及社会交往的各方面。在处理邻里关系时，传统家法家训教导族众坚持睦邻友好的原则，对家庭或者家族成员进行睦邻友好的教育，要善待乡邻，待人宽一分是福，处世让一步为高。浙江郑氏家族在《郑氏规范》中告诫家族成员要"宁我容人，勿使人容我"，告诫族人如果发生邻里纠纷应该容忍退让。在对待穷人问题上，传统家风讲究一个"仁"字，即仁者爱人。体恤帮助弱势群体，扶危济困是中华民族的传统美德，也是很多家庭或者家族的优良传统。穷则独善其身，达则兼济天下。明朝的高攀龙借用古语教导家庭成员，"世间第一好事，莫如救难怜贫"，救助遇到困难的人不在于物资的多少、好坏，而在于解一时之困，"残羹剩饭可救人之饥，敝衣败絮亦可救人之寒"①。清朝末期的山西乔家也经常扶危济困，帮助困难群体，乔家大院门口经常拴着三头牛，邻居需要使用耕牛，则可早上牵走晚上送回，四邻在生病和过节缺钱的时候来乔家寻求帮助，从来都是来者不拒。

再次，家庭祥和是社会和谐的重要基础。中国人讲究"家和万事兴"，社会是由千千万万个大大小小的家庭组成，每一个社会成员均来自于特定的家庭，每一个社会成员的社会活动都不同程度地体现着家风，家风的好坏影响着社会肌体的好坏，家庭的面貌决定着社会的精神风貌，社会风气也由千万个家庭家风汇聚而成。所以，家庭的幸福、和睦对社会的和谐、稳定起着决定性作用，千家万户好，社会才能好。唐代著名诗人陈子昂的成长成才成功离不开他的父亲，其父治家有方，临终之时告诫后人："居家务期简朴、教子要有义方、和平以待人、为官务守廉正、凡事当留余地、恤贫苦乡亲、敬老兼爱幼、富不淫贫不盗。"②陈子昂的父亲在为人处世、居家过日、做事做官、尊老爱幼等方面给后人开出了一剂良方，陈家后人恪守此训，守住做事为官的底线，后代人才辈出。

（八）家风具有独立性

按照唯物辩证法的观点，社会存在决定社会意识，社会意识是社会存在的反映，社会意识反作用于社会存在。社会存在是社会的物质生活过程，其基础和决定力量是物质资料的生产方式，社会意识是社会的精神生活过程，是所有观念要素和意识形态，包括社会意识形式和社会心理。社会意识具有相对的独立性，或先于社会存在，或落后于社会存在。家风是家庭或者家族的先辈在生产和生活中的体验、感悟和升华，是生产及生活

---

① 高攀龙：《高子遗书》，《文渊阁四库全书》（第1292册），上海古籍出版社，1987年。
② 郝耀华：《从家训到乡约的中国式道德传承》，《光明日报》2014年3月9日。

样态，所以家风也属于意识形态的范畴，是建立在生产及生活方式之上的，是一定社会生产生活方式及家庭家族成员意志的反映和折射，家风会随着社会生产和生活方式的变化而变化，具有独立性，但是家风的这种独立性是相对的，不能够脱离特定的生产及生活方式而单独存在。此外，家风的独立性还表现在，家风虽然与社风、民风等交流、交融，但不能与其他风气混为一谈。

（九）家风具有濡染性

家庭是人生的课堂，父母亲是孩子最好的老师。每个人最早接触的老师就是父母亲，孩子是看着父母亲的背影长大的，孩子和父母相处的时间长，父母亲的一言一行、一举一动等都在有形或者无形地影响着孩子，影响着孩子的世界观、人生观及价值观，对孩子的待人接物、为人处世、看待世界、对待生活等至关重要，对孩子的成长、成才、成功会起着举足轻重的作用。如果孩子生活在和谐、和睦的家庭环境中，这会对他们的人格塑造、品质培育有着至关重要的影响。为人父母者还得为人师，父母亲作为孩子的第一任老师，扮演着非常重要的角色，父母亲要提高自身的道德品质，强化自身的榜样意识，因为这是孩子健全人格和形成优良品质的前提和保障。在对孩子的教育中，父母亲如果能够以身作则，给孩子做表率和榜样，实际效果会远远好于简单的说教。好的父母要有好的家教，好的家教会形成好的家风，孩子也会在好的家风的熏陶下茁壮成长。孩子的年龄越小，模仿能力越强，也极易接受教育和熏陶，所以父母应该把优良的道德观念、价值观念从小就传递给孩子，培养孩子的志气、骨气和底气。苏联教育学家马卡连柯曾经说过："你们怎样穿衣服，怎样跟别人谈话，怎样谈论其他的人，你们怎样对待欢乐和不快，怎样对待朋友和仇敌，怎样笑，怎样读报……所有这些对孩子都有很大的意义。你们的态度神色上的少许变化，孩子都能看得到和感觉到。"① 所以，在孩子面前，父母应该

---

① 《马卡连柯全集》（第4卷），人民教育出版社，1957年，第400页。

注意自己的言谈举止，注意细枝末节，而不能够不拘小节。马克思认为家庭关系是人类非常重要的社会关系，他曾经说过："一开始就进入历史发展过程的第三种关系是：每日都在重新生产自己生命的人们开始生产另外一些人，即繁殖。这就是夫妻之间的关系，父母和子女之间的关系，也就是家庭。这种家庭起初是唯一的社会关系。"① 由此可见，家风是人生的奠基石，是人社会化的前提和基础，会影响人的一生，是任何其他社会风气无法替代的。

四、家风的功能

家庭是人生的第一所学校，也是人生的第一课堂及终身课堂，父母亲是孩子的第一任老师，也是终身老师，不管社会怎么发展、变革与更替，家庭的生活依托功能都不可替代，家风的社会功能及文明作用都不可替代，凭借家庭氛围所烘托出来的归属感、依赖感、幸福感、获得感、支持感、激励感等，家风能够世世代代接续传承并且历久弥新，在家庭教育与熏陶中发挥着无可替代的功能与作用。

（一）教化功能

家庭是连接个人和社会的桥梁和纽带，家风是在个人、家庭与社会三者互动中形成和发展起来的。优良家风对个体的发展、家庭或家族的兴旺发达、家风文化的传承都具有重要的功能和作用。

首先，家风能够培养正确的价值理念。一个人在幼年时期心智不够成熟，但是在这个时期，较强的模仿能力是其突出特质，孩子们对家长在情感上依附、生活上依靠、心灵上依赖，每当家庭生活中遇到困难和问题时，或者家庭生活中出现矛盾时，就很容易在孩子们的心灵里留下极为深刻的印象。孩子有时候因父母亲的一句话而影响深刻，甚至终生难忘，这使得孩子在以后的学习、生活及工作中以父母的一言一行作为为人处世及

---

① 《马克思恩格斯文集》，人民出版社，2009 年，第 532 页。

价值判断的准则，对于家庭或者家族成员来说，身上总是或多或少地带有父母亲及其他长辈的影子，家庭或者家族成员早期的言行很大程度地折射着父母及长辈的人格及行为习惯，其一言一行、一举一动体现着家庭或者家族的教养、修养和素养。所以，家风对家庭或者家族成员世界观、价值观、人生观及行为习惯的形成及确立有着重要的奠基作用。有什么样的家风就有什么样的世界观、价值观、人生观和行为习惯，因此，对于家庭或者家族成员来说，世界观、价值观和人生观以及为人处世、言谈举止是家风的具体体现。家风是个人思想性格的"塑造场"，在没有步入社会之前，个人通过家庭认识社会、了解世界，学会控制自己的情感、调节自己的行为等。如果家风好，家庭和睦，家庭氛围其乐融融，父母长辈又教子有方，那么家庭或者家族成员的世界观、价值观和人生观就积极向上，会指引和推动个人、家庭及家族向前发展；如果家风不好，可能会导致家庭或者家族成员的三观扭曲，导致家庭或者家族成员在看待世界、对待他人时就会遇到一系列的问题，进而步入社会时也会遇到种种问题。家风对家庭或者家族成员的良好教化作用在中国历史上具有深远影响，关于其事例可以说是不胜枚举，历朝历代都有一些名门望族在优良家风的教化下开枝散叶，家庭或家族成员人才辈出。其实在国外，家风的教化作用也非常重要，最为典型的是美国的爱德华和珠克这两个家庭，这两个家庭都传至八代：家风好的正面典型是老爱德华家族，老爱德华是个知识渊博的哲学家，勤奋刻苦好学、为人做事低调、处世严谨勤勉，为子女及后代树立了良好表率。当其家族传到第八代的时候，他的子孙中，有 13 位为大学校长，100 多位为教授，80 多位为文学家，60 多位为医生，1 人为大使，1 位为副总统，20 多人为议员；而家风不好的一个反面典型是老珠克家族，老珠克是酒鬼、恶霸、赌徒、地痞，一辈子浑浑噩噩，无所事事，喜欢打架斗殴。这个家族至今已传至八代，其子孙后代中：有 300 多人为乞丐和流浪汉，400 多人因酗酒致残或死亡，60 多人犯过诈骗或盗窃罪，7 个人为杀人犯，整个家族没有一个人是有出息的。

（二）塑造功能

家风在家庭或者家族中代代传承而历久弥新，在家庭或者家族的发展中发挥着至关重要的作用。从个人与家庭方面来看，家风能够提高个人的思想道德水平，能够促进家庭成员精诚团结、互帮互助，进而推动家庭或者家族向好的方向发展。人是各种社会关系的总和，人的成长、成人及成才离不开各种各样的社会关系、社会环境及生存环境，环境主要通过各种各样的风气来塑造人、影响人、教育人。社会对人的塑造和影响同家庭对人的塑造和影响在场域和途径方面都不同，每一个人都置身于一定的家庭环境中，家庭置身于社会这一大环境之中，家庭和社会虽然也会有或多或少的联系，离不开一定的社会环境，但是家庭也是较为封闭的单位，对家庭或者家族成员行为、性格、品质、情感及认知等的影响，和社会对人的影响与塑造是不同的。

首先，潜移默化地塑造人。社会对人的培养和塑造主要的场域是学校，学校对人的培养和塑造，主要是靠学习知识来提高人的认识能力和认知水平，社会通过学校这个场域对人进行塑造和培养是比较系统和完备的。而家风主要是家庭或者家族的长辈通过潜移默化、耳濡目染、言传身教等方式，使家庭成员在日常生活中受到教育和影响，从而形成对他人、社会及人生的认知。在家庭成员小的时候，家庭或者家族的长辈就以讲故事等形式来影响一个人对他人行为品行的评判。例如，很多父母亲在孩子小的时候总会讲一些"精忠报国""岳母刺字""孟母三迁""画荻教子""杨家将""呼家将"的故事，对岳飞、杨业、呼延庆等英雄人物大为褒扬，对秦桧、潘仁美等奸佞小人嗤之以鼻，这样的善恶判断看起来简单，但是影响极为深刻，因为这些都来自于自己最亲密、最可信、最直接的家庭或者家族长辈，以至于岳飞、杨业等英雄人物的故事在民间传唱不衰，他们的英雄故事在人们的心目中根深蒂固，与简单但有效的教育有极大的关系。这也是颜之推在其家训中提到的"夫同言而信，信其所亲；同命而服，行其所服"。① 意思是至亲至爱的人说出来的话，人们就容易相信，受人尊敬的人发出的命令，人们就容易接受和服从。由于家庭或者家族长辈与晚辈的血亲关系，再加上长辈在晚辈心目中的尊崇地位，比起学校教育所传授的思想，家庭或者家族长辈对晚辈的教育更能够为晚辈接受，这种教育往往能够潜移默化、入脑入心。

其次，润物无声塑造人。社会对人的培养和塑造主要是通过一些新闻媒体，如报纸杂志、新媒体、广播电视等，用一些鲜活真实的故事，以催人泪下的情节来引起人们的共鸣，激发人们的情感，提高人们的道德情操，达到培养人、塑造人的目的，例如扶贫干部黄文秀的故事、著名水稻专家袁隆平的故事、"两弹一星"功勋邓稼先的故事等。而家风则是一种无声的教育，通过家庭或者家族长辈言传身教，如春风化雨一样滋润着孩子们的心田，使家庭或者家族成员在不知不觉中受到熏陶和濡染，从而达到提高家庭或者家族成员道德情操的目的，为家庭或者家族成员提供一种安身立命的精神品格，构建属于自己的精神家园。

再次，家规家法塑造人。十年树木，百年树人。人的思想工作是最难做的，而且是一个长期的、渐进的、反复的过程，因为人的思想受家庭环境、社会环境、自身性格、人际关系、生理年龄、认识能力和认识水平等因素的影响，有时候环境及认识等因素发生了变化，人的思想也就随之发生了变化。有些家庭成员小的时候在长辈的精心呵护、耐心教育下道德高尚，但是成人之后，随着环境的改变，面对来自各方面的诱惑，思想道德也发生了变化，出现行为失范的问题；有的家庭成员在小的时候难管教，但是成人之后，随着认识能力和水平的提高及环境因素变化的影响，道德情操变得越来越高尚。所以，人的道德意志的养成是一个很长的过程，有时候会伴随着人的一生，坚强的道德意志决定着一个人的道德高度。对于一些从小性情顽劣、生性好动、不服从管教的家庭成员，可以动之以情，

---

① 颜之推：《颜氏家训》，易孟醇、夏光弘注译，岳麓书社，1999 年。

晓之以理，但是如果言传身教的效果不明显，则应该用家规家法进行规范和约束。通过家规家法告诫家庭成员，什么事情该做，什么事情不该做，做错了还要有相应的惩罚机制。如山西乔家大院，乔家本来富可敌国，但是乔家大院的创始人乔致庸老先生看到子孙有浪费粮食的现象，就会让其跪下，反反复复地诵读"一粥一饭当思来之不易，半丝半缕恒念物力维艰"，直到子孙们承认错误才让其离开。因为人的行为习惯一旦养成则很难改变，俗话说："浪子回头金不换。""浪子回头"说明难能可贵，但是"金不换"则说明浪子回头很难。因此，家规家法是家庭教育的重要组成部分，它们通过约束和引导家庭成员的行为，帮助塑造良好道德品质和行为习惯，坚定家庭成员的道德意志，养成个人的道德品格，从而达到塑造人的目的。

（三）协调功能

家风的协调功能比较显著，家庭或者家族都是由人组成的，只要有人的地方就会存在各种各样的关系。而家庭又是家庭或者家族成员步入社会的起点，必然会与社会发生这样那样的联系，家庭之间、邻里之间都会产生联系，联系就是相互影响、相互制约，必然就会产生矛盾和问题，这样就需要通过家风的规范和约束性来进行协调。

首先，协调家庭内部的功能。清官难断家务事，家务事错综复杂，处理起来非常头痛。家庭或者家族成员尽管生活在同一场域，受共同家风的涵养，在价值理念和行为习惯等方面既有共性，也有自己独特的个性，但其认识能力、认识水平、年龄结构、生活履历、利益分配、个人喜好及看问题的角度有时候不同，不可避免地会产生一些矛盾和问题。这种矛盾和问题或者存在于兄弟姐妹之间，或者存在于长辈与晚辈之间，或者存在于夫妻之间。这种矛盾和问题看似简单，其实很复杂，正所谓"家丑不可外扬"，在这种传统理念的影响下，在家庭或者家族这一较为封闭场域里，这种家庭矛盾如果处理不好，也会引起大的争端和冲突，有时候会造成兄弟姐妹之间挥刀相向、夫妻之间反目成仇、长辈与晚辈之间不相往来。

2020 年 7 月，杭州来女士被自己丈夫杀害并分尸的案件曾经占据了各大媒体的头条，这是一起典型的家庭纠纷引发的血案，人们不禁感慨，来女士的丈夫竟然这样心狠手黑，会对自己的枕边人下如此毒手。我们在感叹和谴责之余，要进行一番冷静的思考，对家庭矛盾和问题进行反思，对夫妻来说，能够走在一起便是一种缘分，"百年修得同船渡"。但是，现今在西方拜金主义、享乐主义及个人主义腐朽思想的影响下，面对生活中的柴米油盐，夫妻关系不再变得那么纯粹，有时候一吹就破。来女士被杀案表明，夫妻关系处理不当，问题处理不及时，鸡毛蒜皮的小事情可能会逐渐积累并转化为大问题。在韶山毛氏房谱里面就有家规十八条，包括孝父母、友兄弟、尽妇道、别长幼、睦亲邻、训子弟、务正业、重礼义、禁溺女、恤孤寡、旌节操、祭邱墓、祀祖宗等，这十八条家规对解决家庭关系问题行之有效。中纪委网站"中国传统中的家规"专栏曾经首推"郑义门"，"郑义门"又被称为"江南第一家"，位于浙江省金华市浦江县郑宅镇。这个家族从 1127 年到 1459 年间，合族共财共居十五代，家族巅峰时期"食指三千"，也就是说，郑义门家族鼎盛期间，3000 多人同吃同住同劳动，而且没有产生过矛盾和问题，这是因为郑义门有较科学完备且极具操作性的家族法规——《郑氏规范》，该家规涉及妇规、俭谨、长幼、修身、睦邻、礼仪及家长等制度规范，并且有相应的惩罚手段。①

其次，协调家庭外部的功能。家风调节外部的功能主要是协调邻里之间的关系，在乡土社会，邻里关系非常重要，民间有句俗语："远亲不如近邻。"远方亲戚虽然是亲戚，但是关键时刻帮不上忙，而邻居虽然不沾亲带故，但因为离得近，关键时刻能够协助解决一些急事、难事和烦心事。曾国藩曾经告诫家族成员睦邻友好的重要性，他说："'有钱有酒款远亲，火烧盗抢喊四邻'，戒富贵之家不可敬远亲而慢近邻也。我家初移富

---

① 洪小岚、郑轩昂：《移孝即忠养廉惟俭 义方是训经正则兴——郑义门里的家风故事》，《中国纪检监察》2017 年 8 月 1 日。

扦，不可轻慢近邻，酒饭宜松，礼貌宜恭。"[1] 在封建的宗法社会，处理好与乡里乡亲的关系也非常重要，四邻之间居住在同一地域，交往频繁，亲密程度较远亲更高一些，在紧要关头能够第一时间赶到，而远亲则有时候"远水解不了近渴"。所以，和待乡曲也是传统家风文化中的一个重要内容，郑义门的《郑氏规范》也警诫家族成员："当以和待乡曲，宁我容人，勿使人容我。""六尺巷"的故事就是比较典型的邻里和谐、互助友爱的标范。清康熙年间，大学士张英的府第与吴姓相邻，吴家盖房子想要占用两家之间的隙地，两家由此出现争端，官司打到县衙。因为两家都是当地的名门望族，县官不好定夺，犹豫不决。张家人遂给张英写信反映情况，张英看完家信之后，即写一首诗回复，诗曰："千里家书只为墙，让他三尺又何妨。万里长城今犹在，不见当年秦始皇。"张家人于是让出了三尺宽的地方，吴家人也深受感动，也让出三尺宽的地方，最终形成了一条六尺宽的巷子，这就是"六尺巷"故事的来历。[2] 官府解决不了的事情，一封家书便迎刃而解，而且解决得很完美，这便是睦邻友好、和睦乡曲家风的魅力所在。巷子虽然不宽，只有六尺，但是宽在精神境界上，"六尺巷"的故事体现了中华民族谦逊礼让的美德，成为解决邻里纠纷的典范。邻里关系解决不好，也会产生一些冲突，甚至会发生人身伤亡案件。2020 年 10 月 9 日，内蒙古呼和浩特市武川县黑浪壕村，村民马某发现自家的羊在村民王某甲的羊圈内，讨要未果后报警求助，武川县二份子乡派出所的民警和黑浪壕村村委会工作人员徐某某前去调解，在调解过程中，马某持刀行凶，造成三死两伤，死者包括一名警察。后马某因为故意杀人罪被呼和浩特市中级人民法院判处死刑。这起案件就是典型的邻里关系处理不当而导致的血案，有网友在网上留言说，"三死两伤只为羊"，这是非常不值的。如果两家相互包容，协商解决，可能会大事化小，小事化了。

---

① 曾国藩：《曾国藩全集：书信》，岳麓书社，1991 年。
② 代群、刘方强：《六尺窄巷，宽和街坊》，《新华每日电讯》2021 年 12 月 15 日。

（四）治理功能

中国人有很浓厚的家国情怀，将家与国紧密相连，讲究修身、齐家、治国、平天下。齐家就是对家庭或者家族的管理或者治理，在治理家庭或者家族时要勤俭持家、和顺齐家、以孝治家、诗书兴家、以德旺家、耕读传家等。家庭关系尤其是大的家庭或者家族关系错综复杂，家庭事务和家庭问题很多，在处理家庭问题时如果能做到游刃有余、井井有条、事无巨细，那么这个家庭或者家族就会兴旺发达。在中国人看来，齐家与治国又是紧密相连的，齐家是治国的前提和基础，治国是齐家的发展与延伸。家庭是家庭成员思想道德、价值理念、人格塑造的培养基地、塑造场所及训练场域，又是家庭治理的实践场所。如果家庭成员在大家庭中能受到良好家风的涵养与熏陶，那在步入社会之后，其行为就不会失德、失范，也不会干一些蝇营狗苟、违法乱纪的事情。再就是，在家庭或者家族的治理中，如果能够理顺错综复杂的家庭关系，化解棘手的家庭矛盾，那在进入社会之后，尤其是在成为一名政府工作人员时，面对纷繁复杂的事务，就会是"治大国如烹小鲜"，处理起来就会得心应手。《孝经》里说："君子之事亲孝，故忠可移于君。事兄悌，故顺可移于长。居家理，故治可移于官。"意思是家庭成员治理家庭有条不紊，其治理能力和治理水平一定会影响到为官做事；反过来说，作为一名官员，如果连齐家都做不到，就不能够引导他人向善。

国家是由千千万万个家庭组成，家庭和睦国家才能和谐、家庭幸福国家才能进步、家庭文明国家才能昌盛、家庭稳定国家才能安宁，历史和现实都清楚地表明，一个家庭的前途和命运与国家的前途和命运相互影响、紧密相连、荣辱与共、休戚相关，管好家才能够治好国、理好政，千家万户好，国家才能好，国家好、民族好，家庭才能好。河东的裴氏家族始于周秦，在魏晋时期开始兴旺发达，在隋唐时期达到鼎盛，经历了 2700 多年，这个大家族先后出过 59 位宰相，裴氏家族所在的村子被称为"中华第一宰相村"，这个家族被后人赞为"千年荣显、华夏望族"，也有史书称裴氏家族为"天下第一家"。裴氏家族所施行的是治国必先齐家，《河东裴氏家训》，共 12 条 432 字，包括严教子孙、居家节俭、讲求公德等，要求其家族成员"必须怎么做"。除了家训之外，裴氏家族还制定了《河东裴氏家戒》共 10 条 637 字，10 个"毋"字告诫其家族成员"不能做什么"。裴氏家训和裴氏家戒警诫家族成员及其后人要提高自身修养和道德情操，积极为国家和社会做贡献。裴氏家族还提倡"不仕无义"的思想，要求学问高的家族成员积极出来入仕做官，施行自己的政治主张，而不能够选择逃避。裴氏家族把个人、家庭、社会、国家紧密联系在一起，将治家和治国密切相连，是中华民族家国情怀的剪影，不仅利于家，而且利于国。①

五、传统家风的主要精髓

传统家风是一个家庭或者家族在长期的生产、生活实践中形成的风尚、风气、风格等，承载着一个家庭或者家族处世原则、价值观念、生活态度等。在中华传统文化中，家风起着循规蹈矩、塑造人格、构建和谐、促进发展等作用。中华传统家风文化在长期的形成与发展过程中，突出地表现出重视道德、勤俭持家、严于教子等精髓。

（一）孝悌为本

百善孝为先。中华民族历来重视孝道，孝悌是家庭伦理道德的核心，是家风的基础。孝悌是家庭家教家风的根本，是万善之源、百行之首，孝悌作为中国传统文化的核心价值关怀与人文理念，是家风的重要源泉和组成部分，它是协调家庭或者家族关系，解决家庭问题的基本准则。《孝经》里说："夫孝，德之本也，教之所由生也。"意思是说孝悌是道德的根本，一切道德品格和道德情操都是由孝悌产生或者衍生出来的。家庭或者家族成员要做到对父母及长辈尽孝道，与兄弟姐妹互敬互助，孝悌是修身齐家的根本，也是优秀家风的首要内涵。在颜氏家族成员出生后还未懂事时，

---

① 牛绍娜：《裴氏家训家规及其当代社会价值》，《中共山西省委党校学报》2020 年第 5 期。

其长辈就开始通过《颜氏家训》对孩子进行"孝"等方面的教育,如"生子咳提,师保固明孝仁礼仪"①。中华优秀传统文化中,关于孝敬父母亲的故事很多,如东汉时期四川"泳泉跃鲤"的故事、晋朝河南"恣蚊饱血"的故事、晋朝"扼虎救父"的故事、三国时期"哭竹生笋"的故事、宋朝"弃官寻母"故事等等,这些孝敬老人的故事被后世广为传颂,故事中的主人公也成为后人学习的典范。

(二)勤俭持家

中华民族有勤劳节俭的传统美德,勤俭持家要求家庭或者家族成员不能够挥霍浪费,不能够贪图安逸、好逸恶劳等,古人深谙"历览前贤国与家,成由勤俭败由奢""坐吃山空"等道理。因为不勤不俭不仅仅影响家庭或者家族的荣辱兴衰,也会影响家庭及家族的风气。三国时期著名的政治家、军事家及文学家诸葛亮在临终前写给其儿子诸葛瞻的《诫子书》中曰:"夫君子之行,静以修身,俭以养德。非淡泊无以明志,非宁静无以致远。"目的是要求儿子要勤劳节俭。清代虎门销烟的领导人林则徐是一位勤劳俭朴的人,他有句经典的教子名言:"子孙若如我,留财做什么?贤而多财,则损其志。子孙不如我,留钱做什么?愚而多财,益增其过。"所以,尚"俭"成为林氏宗族家风的首要遵循。曾国藩家风家教中把"勤"作为教育子女的第一要义,曾国藩本人也以身作则,他不仅有早起的习惯,而且读书学习也勤奋刻苦。历朝历代的名门望族、高官贵戚、普通大众勤俭持家的例子不胜枚举,勤俭持家成为各个家庭或者家族的重要规范。

(三)交友要慎

朋友多了路好走,朋友一百个嫌少,敌人一个嫌多,好朋友是人生的财富。人是社会性的人,每一个个体都离不开朋友,与人交往交流少不了交结朋友,应该都有自己的朋友圈。中华传统家风文化中,家庭或者家族

---

① 颜之推:《颜氏家训》,檀作文译注,中华书局,2011 年。

成员的交友之道是其重要组成部分，"近朱者赤，近墨者黑"的道理尽人皆知，交朋友不能什么人都交，古人主张交益友而不交损友，很多家训家规家箴都会告诫家庭或者家族成员交友要慎重，把交友作为人生大事，"保家莫如择友"①，这句话强调了要亲君子远小人，学习别人的长处而弥补自己的不足。南宋著名理学家朱熹曾经说过："大凡敦厚忠信，能攻吾过者，益友也；其谄媚轻薄，傲慢亵狎，导人为恶者，损友也。"②《颜氏家训·慕贤》说："是以与善人居，如入芝兰之室，久而自芳也；与恶人居，如入鲍鱼之肆，久而自臭也。"《袁氏世范》认为："君子之言，多长厚端谨，此言先入于吾心，乃吾之临事，自然出于长厚端谨矣；小人之言多刻薄浮华，此言先入于吾心，及吾之临事，自然出于刻薄浮华矣。"回顾中国历史，有很多关于好朋友之间同呼吸、共命运、心连心的例子让我们深受感动，如春秋战国时期伍子胥和孙武的友谊，还有"管鲍之交"的故事。益友能够在自己失落的时候给予鼓励，在自己窘迫的时候给予帮助；历朝历代有一些家庭或者家族成员因为交友不慎，整日与狼为伍，干着一些危害乡民的罪恶行径，从而导致身败、家败、名败，这样的例子数不胜数。所以，浮薄的小人不仅不能交，而且一定要远离，这种损友在自己危难时刻还会落井下石。《水浒传》中八十万禁军教头林冲和陆谦曾经是好朋友，但当林冲受到高俅的陷害之后，陆谦竟然背信弃义、助纣为虐。因此，古人的家风中，择善而交、择良而处既是经验总结，也是价值理念。

（四）诚实守信

言必诚信，行必忠正。诚信是中华优秀传统文化中家庭伦理道德的主要内容，属于"五常八德"的范畴。古人讲究为人处世要实事求是，诚实守信等，要培育浩然正气，做耿直之人，诚实地对待生活中的人和事。家庭或者家族的长辈往往通过言传身教、谆谆教导、循循善诱的方式，教育

---

① 张英：《聪训斋语》，江煜坤、林羲烈评注，中央日报出版社，1994年。
② 翟博：《中国家训经典》，海南出版社，2002年，第345页。

家庭或者家族成员在待人接物、做人做事等方面要诚实守信，做人要"内不欺己，外不欺人，上不欺天"①。掩耳盗铃就是典型的自欺欺人的例子，虽然自欺欺人，但是还感觉到自己很聪明，类似这样的人在世上也不少。还有《皇帝的新装》里的皇帝，已经到了自欺欺人，非常可笑与愚蠢的地步了，仍认为自己穿着最漂亮的衣服，这样的结果只能是自作自受。一个人欺骗亲朋好友，初次上当受骗可能在所难免，那是因为没有防着你，但是再欺骗人家就不可能了，别看自己通过欺瞒的手段获取了一点蝇头小利，但是失去的东西永远也找不回来了，那就是人们对你的信任。其实在中国古代，有许许多多关于诚信的故事，千百年来被人民群众传唱，作为传家教子的典范。比较著名的故事有"曾子杀猪"，曾子是春秋时期鲁国著名的思想家，是至圣孔子的学生，原名曾参，是孔子弟子中比较优秀的一个，他知识渊博、品德高尚。一次，他的爱人要去集市，小孩子也要跟着去，曾子的爱人嫌带孩子不方便，就哄孩子让其在家里面好好玩，承诺回来后给孩子杀猪吃肉，孩子乐呵呵地服从了。本来是哄孩子的话，未曾想，曾子回来后真的将猪杀了。因为在曾子看来，孩子年龄小，不懂得人情世故，只能够模仿和学习别人样子，特别是模仿父母亲的样子，父母是不能欺骗孩子的，今天欺骗了孩子，明天孩子就会欺骗包括父母亲在内的人，父母亲在孩子面前不讲信用，那孩子们还会信任谁？② 如果失言而保住了猪，那失去的是价值精神。中国古代关于诚信的故事还有"韩信报恩""皇甫绩守信求责""晏殊信誉的树立"等，这些故事都反映了诚实守信是做人修身的基础。

（五）专注读书

中华优秀传统文化中，有许多关于读书的名言警句，如"积财千万，无过读书""书犹药也，善读之可以医愚""腹有诗书气自华，读书万卷始

---

① 金缨：《格言联璧》，崇文书局，2007 年，第 47 页。

② 费颖：《曾子杀猪——承诺，有章可循》，《班主任之友》（中学版）2021 年第 10 期。

通神"等，古人重视读书学习，因为他们认为"读书明理""读书增信""读书做人""读书亲贤""学而优则仕"，读书学习既可以提升道德修养，又可以学习知识、技术，也是底层老百姓向上发展最好的通道。古人提倡诗书兴家，认为读书学习是治理家庭的基础，是家庭健康发展、兴旺发达的基础。如山东的孔氏家族，大教育家孔子是其始祖，孔氏家族恪守"诗书继世长"的家训，代代相传，读书学习已经成为其家族的精神文化基因，家族尊师重教，提倡读书学习，从而使得整个家族人才济济。民国时期《孔子世家谱》载，孔氏家族考取进士、举人等家族成员有 5000 多人，家族成员著书的有 300 多人，著作种类多而且涵盖面广。从孔氏家族成员的功名和成就可以看出，诗书兴家传家为其家族的发展壮大起到了催化剂的作用。南宋著名爱国主义诗人陆游经常告诫后人要珍惜时间，勤奋学习，保国爱民，"我今仅守诗书业，汝勿轻捐少壮时"[1]。由于陆家家风崇尚读书报国，陆家家族后人不仅学业有成，还涌现出造福百姓的官员。《朱子家训》中更是要求子弟知行合一，将知识和实践紧密结合起来，认为读书不能够局限于书本，学习也不仅仅是为了掌握知识，还应该寻求真理，将理论与实践结合起来，"为学之实，固在践履"。山西乔家大院创始人乔致庸老先生也酷爱读书，书案上经常放着《史记》《大学》等读物，每天按时读书学习，反复品读很多书籍，有用的地方还用红笔作记号。乔老先生在商业上获得巨大的成功，与其满腹诗书、文化底蕴深厚有极大关系。乔家还尊师重教，花巨资开办私塾，聘请老师，还为每位老师配备了专门的书僮，吃饭的时候让老师坐上席，老师回家，主人都要礼送出门，其家族子女不管远近亲疏都要读书学习。所以在中华传统家风中，很多家庭或者家族重视教育，强调诗书兴家传家，使得家族人才辈出，良好的家风家教也流传至今。

---

[1]　钱仲联：《剑南诗稿校注》，上海古籍出版社，2005 年。

（六）清廉为官

家是国的浓缩，国是家的扩展。家虽然是较为封闭的场域，但也不是与世隔绝，也不是关起门来搞建设，而是与外界有交往交流交融，是步入社会的起点。中华传统优秀家风文化中，许多家风强调积极入仕的思想，饱读诗书然后入仕做官，修身齐家治国平天下，将个人抱负与远大理想相结合，将爱家与爱国相结合，将做人与做官相结合，从修身立德、齐家正风的价值理念，转为廉洁从政、济世安民的为官之道，最终达到以天下为己任的责任担当，实现尽忠报国的理想抱负。历朝历代有许多名门望族和仕宦家庭，其家训家风中都有一些教育家族后人为官从政的内容，这些家训家风的重要内容就是教育后人如何廉洁为官。东汉时期的著名学者杨震为官清正廉明，主要是受家风的熏陶，其父亲知识渊博、教子有方，对杨震进行了良好的培育，这为杨震的成长成才成功起了很大作用。杨震曾经赴东莱担任太守，经过昌邑县境内。昌邑县县令王密是杨震的至交，而且王密的县令一职也是杨震举荐的。为了感谢杨震的举荐之恩，一天夜里，王密到驿馆拜访杨震，见四下无人，硬要以黄金相送。杨震拒绝接受，并且正言厉色地说："我知君，君何不知我？"王密压低声音说："暮夜之中无人知晓。"杨震严肃地回答："天知，神知，我知，子知，怎么能说没人知道呢？"王密满面羞愧地走了。这就是"暮夜却金"故事的来历，流传至今，成为清廉为官的千古佳话，杨震也因为"暮夜却金"而被人们称为"四知先生""四知宰相"。杨震在十几年的做官生涯中，生活简朴低调，出门轻车简行。杨震清廉的家风惠泽家族后人，其后人大部分知识渊博、为官清廉，多位后人享誉"清白吏"的美名。杨震的儿子杨秉自重自律，特别是以不近色、不饮酒、不贪财"三不惑"而被人们称颂。杨秉的儿子杨赐官至太尉，也因无私无畏、清正廉洁闻名于世。杨赐的儿子杨彪也官至太尉，面对杀人不眨眼的董卓欲迁都关中，百官噤若寒蝉时，杨彪竟然敢严加驳斥。沧海桑田，2000多年过去了，杨震家族后人遍布海内外，但是很多家族支系还承袭着"清白堂""四知堂"的堂号，警诫自己恪守家训，自重自醒自警自励，堂堂正正做人、清清白白做官。[①] 中国历史上类似杨震这样清廉为官的人还有很多，如唐朝诗人陈子昂、宋朝著名宰相司马光和包拯、清朝名臣曾国藩等都是清廉为官的典范。

（七）谦虚礼让

"满招损，谦受益"与人们常常提到"惟谦受福"的道理如出一辙。只有保持一颗谦虚礼让的心，做人做事做官才会淡定从容。个人就算在某一领域、某一方面有了很大的成就，也应该谦虚谨慎、脚踏实地做事，这样才能在该领域继续有更大的成就；假如个人成功之后，就开始骄傲自满，那就没有人和其来往了，这个人的路就变得越来越窄了，这就是事败皆因傲。任何真正的和伟大的东西，都是纯朴而谦逊的。从古至今，不乏一些家庭或者家族子弟依仗着显赫的家世、殷实的家境或优越的家庭背景而忘乎所以，滋生骄气、戾气，不知道谦虚谨慎、礼让待人，凭借着优越的政治地位而骄纵暴戾，依靠着锦衣玉食的生活而奢侈挥霍，仰仗着父兄特殊之功而恃强凌弱。然而，好的家庭或者家族都有着强烈的居安思危意识，定家训、立家规、树家风，教育子女谦虚谨慎，不骄不躁。早在3000多年前，周公姬旦的儿子伯禽要到自己的封地鲁国担任国君，临行前，周公姬旦告诫他不能够骄傲自大而怠慢了国人，提醒儿子德行宽厚，恭敬待人，则能够获得荣耀；土地广袤但要勤俭节约，则不会有危险；位高权重但能够谦卑自重，则能够富贵绵延；兵强马壮但心有所畏，则能够保持不败；聪明伶俐却总认为自己愚昧无知，则能够明哲保身；见多识广但自我感觉肤浅，则是真正的睿智。《钱氏家训》中也明确教育家族后人："聪明睿智，守之以愚；功被天下，守之以让；勇力振世，守之以怯；富有四海，守之以谦。"[②] 由于谦虚礼让，钱氏家族及其后人才辈出，尤其是近代人才井喷式发展。明朝的官员蒋伊在《蒋氏家训》中诫勉家族成员勿听家

---

① 夏炎：《杨震的"暮夜却金"与汉代的反腐倡廉之风》，《秘书工作》2021年第10期。

② 《钱氏家训》，《百姓》2003年第12期，第46页。

人和妇人之言而导致出现矛盾和纠纷，应该睦邻友好。汉朝时期的霍光，位高权重，作为三朝元老，汉宣帝见了都要礼让三分，而权势的扩大滋长了自大的情绪，霍光家族成员日益骄横，不知道收敛，日益沉溺在无止境的欲望之中，以至于危险接踵而来，最终导致整个家族的覆灭。霍光家族的败亡与其家风不正有很大的关系，其家族成员身上缺乏谦虚礼让的品质，是其沉沦的主因。霍光早年公正无私，但是晚节不保，晚年骄横奢靡，放纵子弟为所欲为。所以，谦虚礼让，谨慎小心，低调做事，不张扬、不骄傲，就会少一些不必要的麻烦，人生之路也会越来越宽敞。谦虚礼让、宽容包容是每个人必不可少的修养。为人处世谦虚谨慎，待人接物彬彬有礼，就会趋利避害，最终到达成功的彼岸。

（八）扶危济困

扶危济困是中华民族的传统美德，也是中华传统家风关注的重要内容。穷则独善其身，达则兼济天下。传统的家风家训家规家诫中遵循内睦齐家、外睦相济的原则，不仅有睦乡邻、友兄弟、和宗族等传统家庭美德，还有天下大同的开阔胸襟。明代"东林八君子"之一的高攀龙教导子女"残羹剩饭可救人之饥，敝衣败絮亦可救人之寒"，这些救急的物资虽然微不足道，但是对处于危难之中的群体来说可以解决大的难题。清代著名书法家朱益藩曾经给光绪和溥仪当过老师，在他六岁的时候，父亲因病去世，全家人的生活入不敷出。朱益藩的母亲对其进行教育，朱益藩努力学习的同时，扶危济困、体恤乡里，很同情弱势群体。他在做官之后非常关注底层老百姓的生活情况，1901 年 6 月，江西发生水灾，当时担任翰林院侍读学士的朱益藩向朝廷反映此情况，并且要求朝廷进行赈灾。经过他的努力，朝廷发放了赈灾款，还免除了灾区的赋税。在赈灾期间，忙着救济灾民的朱益藩接到其兄长的来信，反映有灾民进入湖南境内抢劫富户，有多人被捕，不知道怎么处理。朱益藩深知灾民是在饥饿的情况下才出现这样的极端行为，于是回信说："三碗大肥肉，一碗红米饭，施与众饥民，名曰巧惩罚。"二十年后，江西再次发生水灾，朱益藩举办了一次书法展览，将展览所得款项全部捐给了灾区。① 关于扶危济困还有一个典型的例子，那就是山西的乔家大院，闻名全国的山西乔家非常重视忠厚传家，乔家大院的创始人乔致庸老先生将行善积德作为治理家庭的要义，经常帮助乡里乡亲。乔家一年四季将三头牛拴在门外，有乡邻耕种或者运输需要就可以牵走，到晚上再送回来即可。乡里乡亲遇到生病却无钱医治或者没钱过年等情况时，只要到乔家寻求帮助，都能够得到接济。有时候，乔家大院的下人会出现一些小偷小摸的行为，乔家的主人也极为宽容，因为在乔家人看来，偷窃行为都是不得已而为之，所以佣人偷盗且被抓住后，乔家也都大事化小，小事化了。在抗日战争时期，乔家大院能够在战火中保存下来，这与乔家忠厚的家风有着莫大的关系。八国联军侵略中国的时候，山西总督不分青红皂白地滥杀无辜，从太原逃出来七个意大利修女，乔致庸老先生冒险把她们藏在自家的银库里面，然后用粮车把她们成功运了出去。意大利政府为了感谢乔致庸老先生对本国国民的救命之恩，特意授给了乔家一面意大利国旗。抗日战争中，日本侵略者来到乔家大院，看到乔家大院门口悬挂着意大利国旗，只得离开，因为当时日本和意大利是盟国，而山西的其他大院大部分被日军劫掠和损毁，乔家的善举救了别人也救了自己。②《朱子家训》中也突出强调了"患难不可不扶"，意思是别人有困难的时候要积极地去帮助。中华优秀传统文化中，有很多家风提倡扶危济困，在他们看来，帮助别人也就是在帮助自己，任何人、任何家庭或者家族都会有困难、危难及灾难的时候，"日不总当顶，家无万世富"，古人特别明白这个浅显的道理。扶危济困，乐于助人，别人会心怀感恩，在自己家道中落或者家有困难的时候，别人也会挺身而出，如果别人有困难而不去积极帮助，那自己处于危难之时，别人也会隔岸观火。

① 田夏、景国成、李小斌：《积德勤绍佐时理物 建策忠谠兴利惠民——清末帝师朱益藩的家风故事》，《中国纪检监察》2017年2月20日。
② 潘春华：《山西乔家大院》，《建筑》2020年第8期。

第一章　领导干部家风建设相关问题概述

党的十八大以来，中国共产党坚持党要管党，全面从严治党，而家风连接着党风、政风，影响着社风、民风，部分领导干部出现这样那样的问题，与领导干部的家风不正有着很大的关系，家风已经成为领导干部作风的重要问题，领导干部家风不正成为腐败的催化剂。近年来，领导干部及其家人的腐败问题层出不穷，领导干部本人及其家人贪腐交织，是腐败问题严峻复杂的一个重要表现。所以，应把加强领导干部的家风建设、强化党风廉政建设、推动全面从严治党、营造风清气正的政治生态作为基础性、经常性工作抓紧抓实。

第一节　领导干部家风概念和内涵

对于领导干部而言，家风正则党风淳，领导干部的家风和党风紧密相关，领导干部家风清白清廉清正是筑牢党风廉政建设的后花园。领导干部家风与普通群众的家风既有共同点，也有不同之处，净化党内政治生态，夯实党风廉政之基，就需要了解领导干部家风的概念、内涵、特征等相关问题。

一、领导干部家风的概念

领导干部家风是指领导干部本人及其家庭成员在家庭内外生活与工作中，在处理"私域"与"公域"的关系中所呈现出来的生活作风、道德风尚、行事风格、行为模式、处世之道等的样态。

二、领导干部家风的内涵

与普通民众家风相比较，领导干部家风的内涵更加丰富、更加深刻，领导干部家风的内涵不仅囊括了普通民众家风，其家风的外延范围也更加广泛。关于领导干部家风的基本内涵，首先是一种核心价值，包括家庭核心价值体系与价值观的培育，家庭伦理、道德与教养的有机统一；其次是一种制度规范，家庭或者家族中所有成员责任与义务的总和，涉及党组织、国家和社会制度关系等；再次是一种传统文化，包括家庭历史文化风貌、精神面貌、文化风格及民族文化基因等，而家规、家训、家法、家诫、家箴等是领导干部家风的载体。

对于领导干部而言，家风也从一定程度上体现了个人作风。家风不好，往往会导致领导干部及其家人难以自我管控，从而出现"全家腐"的现象。在各种各样的诱惑面前，没有优良家风作为拒腐防变的屏障，领导干部及其家人就很容易走向违法违纪的深渊。对于领导干部来说，家风好，事业才能够顺畅，家庭才能够和睦；家风好，才能够涵养清正廉洁的作风。所以，根据领导干部家风的内涵，可以进行形象化的总结：

（一）领导干部家风既是营养剂也是防腐剂

第一，领导干部家风是营养剂。领导干部家风是营养剂，意思是说良好家风可以为领导干部提供源源不断的营养。领导干部从小也生活在特定的家庭之中，家庭中也有父母亲、兄弟姐妹、爷爷奶奶等。领导干部在家庭中也会受到长辈的教诲、教导、教育，领导干部的道德情操、道德情感、道德情怀也受到了家庭生活的熏陶和影响，领导干部的品质品行、素质素养、能力能耐在家庭生活中也得到了锤炼，正如《家风诵》中所言："以爱为根，以德为范。以仁为本，以孝为先。以勤为线，以俭为源。以智为鞭，以忠为岸。尊长爱幼，敬师乐善。解危济困，情义无边。"所以，家庭家教家风给予领导干部的成长以源源不断的养分，为领导干部从小树立正确的世界观、价值观、人生观输入营养剂，为领导干部提高职业道德、社会公德、家庭伦理美德注入营养液，为领导干部提供丰润的道德滋养、强大的精神力量、坚强的思想保证。可以说，家庭是领导干部廉洁从政的后方阵地和堡垒。

第二，领导干部家风是防腐剂。领导干部家风是防腐剂，意思是说领导干部家风优良，可以筑牢党风廉政之基。由于特殊的地位，在单位或者部门里面，对于领导干部出现一些行为失范的问题，同事和下属出于各方面因素的考虑，难以对其提出批评与建议。但是，当领导干部置身于一定的家庭中，则扮演的是另一个角色，家人能够根据自己与领导干部的关系，通过亲情的力量来约束和激励领导干部，例如可以通过"枕边风"及长辈的提醒、警告与诫勉等，父诏其子，兄勉其弟，母教其儿，使领导干部不良的行为及时得到纠正，如《家风诵》中所说："知晓荣辱，明辨恶善。志存高远，笃学不倦。敬业爱岗，乐于奉献。奉公守法，防微杜渐。"领导干部本人在成家立业后又是家庭中的核心人物、灵魂人物、焦点人物，领导干部只有管住家人，才能够管住他人，领导干部若连家人都管不好，甚至放纵家人，那在人民群众中就会失德失范失信，迟早会被家人拉下水。所以，领导干部培育好家风犹如防腐剂，要管住家人并且约束自己，在家庭中做一个好丈夫（好妻子）、好父亲（好母亲），在单位或者部门中做一个好领导，以清廉家风来凝聚作风，带动党风。

（二）领导干部家风既是磨刀石又是紧箍咒

第一，领导干部家风是磨刀石。俗话说："宝剑锋从磨砺出。"领导干部家风是磨刀石，意思是说领导干部在家庭关系的内外调整中，其耐心、品行、德行、言行、细心等能够得到锻炼、锤炼与历练，其定力、精力、能力、活力等能够得到磨炼与磨砺。领导干部从小生活在家庭中，好家风才能够涵育出好门风，好家风才能够培育出好品行，在家风培育过程中，长辈的呵护、教育、批评、表扬、支持等对领导干部是一种磨练，领导干部面对家人的教育引导时，其认可程度、接受程度及内化程度等在其心理和行为外化与内化的过程，本身也是一种历练。此外，领导干部在政治生活中是领导者，在家庭生活中也是中心人物，领导干部手中掌握着权力，其权力背景效应也会影响到家庭或者家族。面对亲情的压力，领导干部能否协调好亲情关系，处理好公与私的关系，对自身既是一种考验，也是一种磨炼。

第二，领导干部家风是紧箍咒。领导干部家风是紧箍咒，意思是说领导干部家风好，对领导干部的为官从政行为是一种约束、一种规范、一种鞭策。中华传统文化中，有很多家风往往包含了对家庭或者家族成员从政行为的规范和约束，其重要的一点就是为官要清廉，为官一任就要造福一方。家风的涵养、家训的劝勉、家诫的警示、家规的约束等对家庭或者家族成员将来的从政行为有着极为重要的影响。在家庭生活中，长辈与配偶等亲人通过谆谆教导、循循善诱、默默叮嘱、耳提面命、示范引领等这种最普通、最直接、最基本的教育方法，能够对领导干部产生长久的影响力、感染力与吸引力，使"为官不得贪腐"的价值理念刻骨铭心。

（三）领导干部家风既是显微镜又是基因库

第一，领导干部家风是显微镜。领导干部家风是显微镜，一方面是指领导干部家风在社会上是显而易见的，公众通过领导干部家风中的任何一个细节，就可以对其家庭进行客观的评价。领导干部因其特殊的社会地位，个人及其家庭成员的所思、所想、所做都置于公众的视野之下。领导干部本人及其家人的一言一行都会在社会上产生影响，有时候一句话会引发轩然大波，在新闻媒体的炒作下会发生爆雷现象，"我爸是李刚"就是明证。领导干部家风是显微镜，另一方面是指好家风才能够培育出好作风，公众可以从领导干部家风中研判出领导干部的作风。家风好、家教严的领导干部家庭，公众就会对其官德比较放心。组织部门在对领导干部的选拔任用中，也应该看其家人、问其家事、察其家风。

第二，领导干部家风是基因库。基因库就是基因的仓库，是指一个种群中全部个体所带有的全部基因的总和。对于基因库的概念，需注意的是，它是一个完整独立的种群，是种群中所有存活的个体。中华优秀传统文化是中华民族能够薪火相传的重要软实力，也是中华民族五千年璀璨不绝的精神基因。家风是一个家庭或者家族代代传承，慢慢发展而来，可以展现家庭或者家族成员整体精神样态、道德情操、生活情调、气质秉赋、齐家之道、人生信仰及行为准则等家庭文化风格，并且成为家庭或者家族成员共同的文化基因、精神家园和价值观念，是区别于其他家族的重要精神基因，从而呈现出独立性的特征。家风这种文化基因对于一个家庭或者家族的繁荣发展及外在形象具有决定性的作用，家庭或者家族成员的言谈举止、性格气质等在很大程度上得益于优良的家风。领导干部家风是基因库，除了涵盖普通家风基因库的内容外，还和党风、政风紧密相连，领导干部的家风与党风、政风相交融，将新时代廉洁的党风、清白的政风与家风融合在一起，成为家庭重要的文化基因。这种与党风政风相统一的家风，能够促进领导干部严以修身、严以用权、严以律己，堂堂正正做人、清清白白做官。领导干部的这种家风还能够让家人当好"贤内助"，从而使领导干部的家庭成为拒腐防变的重要后方阵地。

（四）领导干部家风是缓解身心压力的良药

领导干部为官一任、主政一方，每天忙于工作，"忙"是新常态下对领导干部工作状况比较生动的诠释，尤其是在决胜全面建成小康社会，开启全面建设社会主义现代化国家的新征程中，为了实现人民对美好生活的向往，我们面临着乡村振兴的战略任务、污染防治的攻坚战、防范和化解重大风险，统筹推进经济建设、政治建设、文化建设、社会建设及生态文明建设等。经济社会改革任务层出不穷，领导干部一定要扛起改革发展稳定的重大任务，工作任务繁重、事务千头万绪、群众翘首以待，各种各样的考核、考评、检查铺天盖地，执纪问责又零容忍，官职高一步，责任大一步，忧勤更增一步。对领导干部而言，权力大就意味着责任大，工作压力也大。由于工作节奏快、负担重而身心俱疲，工作压力大和负面情绪相互交织，一些领导干部在睡眠质量、职业懈怠、幸福感等多个维度出现了问题，以至于经常感觉到心情烦躁，患抑郁症的领导干部也越来越多，轻则影响工作和生活，较为严重者甚至出现自杀倾向和自杀行为。据中央国家机关职工心理健康咨询中心的统计数据显示："从 2009 年到 2016 年，全国共有 243 名领导干部自杀，其中约半数被明确诊断为抑郁症。"① 湖南省武冈市委常委、副市长杨某某于 2009 年 11 月 26 日在家中死亡，警方认定杨某某系抑郁症自杀身亡。杨某某曾用剪刀、菜刀及水果刀割腕，甚至采取触电方式，仍然没有自杀成功，最后跳楼而亡。2021 年 3 月 30 日下午，温州区瓯海区人大常委会副主任黄某某在家自缢而亡，初步调查黄某某患有严重心脏疾病，而且长期服用药物。2021 年 4 月 17 日，北京市检察院政治部主任马某某在其住所自杀身亡，警方对现场进行勘查，排除刑事嫌疑，相关医疗机构记录显示，马某某患有抑郁症。这些领导干部，既有党委的又有政府的，既有行政部门的又有金融部门的，既有高级领导干部又有基层党员干部，涉及各地区、各部门、各行业。是什么原因让这些领导干部想不开？

由于工作、生活等压力，领导干部心理出现了问题，这是不容忽视的，必须对其进行心理调适和心理疏导。除了看心理医生之外，一个比较好的减压方式是回归家庭。家是温馨的港湾，是我们心灵休憩的地方，家给我们温暖，给我们幸福，给我们力量。优良的家风能够减轻工作压力、社会压力、人际压力对人的精神伤害，让人的心灵获得宁静，抛弃私心杂念，心无旁骛地与家人享受天伦之乐。领导干部回归家庭，家人可以对其进行物质上的关怀、精神上的关爱、身体上的关注，可以对其进行工作上

---

① 《有的领导干部为什么会抑郁》，《群众杂志》2017 年 12 月。

的支持与鼓励、生活上的帮助与慰藉、心理上的调适与调节，可以陪伴其进行打球、看电影、听音乐、旅游等一些娱乐活动。和谐温馨的家庭氛围及优良的家风就如强心剂，能使领导干部忘掉操心事、烦心事、忧心事、揪心事，从而让自己得到释放、释怀、释然，在家庭生活的濡染中变得心平气和。

三、领导干部的家庭关系

领导干部家庭关系既包括家庭内的关系，也包含家庭外的关系，构建良好的家庭内外关系是领导干部优良家风的基本体现，也是破除家风对党风廉政建设的难点、连接家风与党风之间的断点、打通家风与党风相互连接的堵点、涵养党内政治生态的重要节点。根据领导干部家风的内涵和特征，可从两个方面来分析其家庭关系。

（一）领导干部家庭内部关系

颜之推认为，想要廉洁齐家就必须建立和处理好家庭伦理关系，尤其是理顺夫妻关系、父子关系、兄弟关系这"三伦"关系，他在《颜氏家训》中强调："夫风化者，自上而行于下者也，自先而施于后者也。是以父不慈则子不孝，兄不友则弟不恭，夫不义则妇不顺矣。"[1] 意思是治理好家庭就必须以身作则，父亲不慈祥子女则不孝顺，哥哥不友爱则弟弟不尊敬，丈夫没有情义则妻子不顺从，这就说明了和睦相处的家庭关系是廉洁齐家的前提条件。在现实生活中，领导干部的家庭关系也主要涉及以下三个方面。

第一，夫妻关系。在家庭内部关系中，夫妻关系是家庭关系最基本的关系，也可以说是家庭关系的核心，是一切家庭关系的渊源。《礼记·婚义》中说，所谓婚礼是两个姓氏的和好结合，对上事祖先，对下可以延续子孙，也就是起到了承上启下的作用。我们民族历来讲夫妻关系相敬如

----

[1] 颜之推：《颜氏家训》（修订版），贵州出版集团，2008 年。

宾、恩恩爱爱，中国第一部编年体史书《左氏春秋》说："夫夫妇妇，所谓顺也。"① 意思是说丈夫应该有做丈夫的道德品质，妻子应该具备做妻子的道德情操，只有这样，夫妻之间的关系才能理顺。春秋时期的晏婴说："去老者，谓之乱；纳少者，谓之淫。且夫见色而忘义，处富贵而失伦，谓之逆道。"② 意思是说，作为丈夫一定要坚守礼义和信义，不能够见色而背信弃义。在中华传统家风中，勤俭节约、温柔娴淑是被大力倡导的美德，例如北宋著名政治家司马光就说过："为人妻者，其德有六：一曰柔顺，二曰清洁，三曰不妒，四曰俭约，五曰恭谨，六曰勤劳。"③ 所以，古人认为，夫妻之间只有相敬如宾，家庭才能够幸福美满，正如《诗经·小雅》中用"琴瑟和鸣"来形容夫妻关系的和睦幸福，就如音乐一样优美婉转，这是中华传统文化中对夫妻关系最高层次的描述。领导干部家庭中的夫妻关系是建立在共同的生活态度、价值取向、兴趣爱好、性格特质、深厚感情等基础之上的，受道德规范的约束和法律法规的规范。夫妻关系是衡量一个领导干部忠贞程度、廉洁程度、修养程度、用权限度等的重要标尺。领导干部家庭总会与一定的公权力相联系，主要是看领导干部的另一半能否正确地对待权力，能否当好领导干部的助手和参谋，能否做到公私分明，能否树立正确的义利观念。作为一名好的丈夫（妻子），必须默默支持领导干部的工作，不断关怀领导干部的生活，时常关注领导干部的行为，一旦发现领导干部有越权越位越轨的事情和行为，应该及时提醒和告诫，特别是对领导干部正当收入之外的钱物，要搞清楚其来龙去脉，充分发挥"枕边风"的力量，使领导干部依法用权、公正用权。同时，领导干部工作任务繁重，没有过多的时间和精力去照顾家人，丈夫（妻子）应该做好家庭工作，这既是对家人的关爱，也是对领导干部工作的鼎力相助，更是好家风的具体体现。

---

① 冯天瑜：《家训辑览》，武汉大学出版社，1994 年。
② 晏婴：《中华国学经典读本：晏子春秋》，北方文艺出版社，2013 年。
③ 齐豫生：《温公家范》，北方妇女儿童出版社，2006 年。

　　第二，父子关系。父子关系也是家庭内部关系之一，是排在夫妻关系之后的一种家庭关系，是由夫妻关系派生出来的。中华传统家风非常注重父子关系，讲究父慈子孝，如袁采治家格言之作《袁氏世范》中的睦亲篇"父子贵慈孝"中说："为人父者，能以他人之不肖子喻己子，为人子者，能以他人之不贤父喻己父，则父慈受而子愈孝，子孝而父亦慈，无偏胜之患矣。"① 此外，《颜氏家训》《朱子家训》及"杨氏宗族十训"都对父子关系作了明确的阐述。中华传统优秀家风中，父子关系在家庭关系中特别重要，尤其在子女教育方面，古人强调了父母亲既不能够不重视，也不能够太过分溺爱，假如对子女的教育太过于放松，则难以做到父慈子孝；假如对子女过分溺爱，则孩子不会有敬畏之心。古人还明确了手心手背都是肉，对待子女要平等。中国历史上很多父子因为家风优良而做出的辉煌业绩彪炳史册，如清朝久负盛名的以刘统勋、刘墉为代表的家族出现了父子宰相、三世一品、八子登科的盛况。北宋年间的范仲淹和范纯仁父子为官一任，造福一方，父子二人均有仁爱之心，范仲淹曾经在江淮灾区赈济老百姓，让老百姓渡过了难关，他的儿子范纯仁在担任庆州知州时也做了同样的事情，范氏父子关心老百姓疾苦，被后人敬仰。北宋的"三苏家风"也是很值得我们学习和借鉴的，苏轼是北宋著名的文学家，他为官清廉，在被贬谪惠州时期参与了惠州东新桥和西新桥工程的建造、筹款等活动，惠及了当地百姓。苏轼家族的家风中，敢于直言、批评朝政、针砭时弊是其显著特点，苏氏家族敢于直接表达意见，这样的家风是从苏序开始的，苏轼曾经就州县立学的问题进行了批评，苏洵通过写散文，以古鉴今，公开批评朝政的得失，提出自己的观点。② 再有就是，清代山东栖霞牟氏家风也非常优良，牟绰、牟墨林父子在家族富裕之后，碰到水旱灾害时会毫不吝啬地赈济老百姓。领导干部家庭和普通家庭一样，领导干部与子女之间的关系也具有情感、心理和生理上的紧密关联性，那么如何教育子女、

---

① 郭齐家：《中华传世家训经典》，人民日报出版社，2009年。
② "三苏家风研究"课题组：《"三苏"家风研究》，《中华文化论坛》2017年第1期。

爱护子女也是其家风建设的重要内容，也就是说，领导干部教育子女的标准和要求要与普通家庭有所区别，并且一定要高、一定要严、一定要细。在领导干部家庭中，由于领导干部社会地位特殊，家庭条件相对优越，其子女不可避免地会产生一些优越感，待人接物方面难免会出现一些"骄气"和"戾气"，容易招人反感。大树底下好乘凉，有的领导干部子女难免会凭借父母亲的关系办一些别人办不到的事情，谋一些不合理、不合法的利益。在现实中，贪腐父子兵的案件多不胜数，河北省委原书记程某某为其儿子谋取非法利益，最终锒铛入狱，成为阶下囚，其儿子潜逃到加拿大并上了"红通"名单。从古今家风中父子关系对政治生态的影响来看，领导干部教育好子女，兼具道德和政治的双重责任，领导干部清廉的家风离不开和谐健康的父子关系。

第三，兄弟关系。中华传统家风也非常重视兄弟关系，有道是："兄弟同心，其利断金。"说明兄弟之间团结合作的重要性，也说明处理好家庭或者家族中横向之间关系的重要性。兄长和弟弟都是娘身上掉下来的肉，打断骨头连着筋，兄弟之间骨肉相连、血脉相通，相互之间应该和睦相处。在中华传统家风之中，将兄弟之间的道德规范概括为"兄友弟恭"，也就是说哥哥要爱护弟弟，弟弟也要尊敬哥哥。《颜氏家训》之兄弟篇，将家庭中颇为紧密的关系分为三种，兄弟关系仅次于夫妻关系和父子关系，被列为第三，《颜氏家训》强调了兄弟关系在治理家庭中的重要性，兄不友则弟不恭，认为哥哥要爱护弟弟，弟弟们才恭敬哥哥。唐宋八大家之一的苏洵就曾经强调："兄弟同胞一体，弟敬兄爱殷勤。须要同心竭力，毋分尔我才真。"[①]《朱子家训》中也明确了兄弟关系在家庭或者家族关系中的重要性："兄之所贵者，友也。弟之所贵者，恭也。"[②] 清朝时期，山东境内的栖霞牟氏家族中，兄弟之间团结友爱，其家风明确了兄弟关系要长幼有序，相正以德，相洽以情，兄弟之间交往相处应该情谊为先，货贿

---

① 翟博：《中国家训经典》，海南出版社，2002年。
② 闽北朱子后裔联谊会：《考亭紫阳朱氏总谱》，2000年，第834页。

次之，认为应该把感情放在第一位，其他东西尤其是身外之物均排在情谊之后。晚清时期著名的政治家曾国藩也极为重视兄弟关系，他提出了兄弟和睦第一，认为"兄弟和，虽穷氓小户必兴；兄弟不和，虽世家宦族必败"。① 为此，曾国藩总结了家败四道和身败四道，其中家败四道之一就有"兄弟欺诈者败"。所以，中华优秀传统家风重视解决和协调好兄弟之间的关系，这不仅关系到家庭或者家族兴旺发达，而且关系到社会的稳定。

在领导干部家族中，拥有共同血缘的兄弟关系有远有近，这个群体有时候也不在少数，领导干部建设清白家风就需要处理好兄弟之间的关系，特别是血缘关系近、感情深厚的兄弟关系。基于血缘关系和情感问题，领导干部关心、关爱、关怀自己的兄弟姐妹是应该的，也是必须的，但是要掌握一定的界线和尺度，必须做到公私分明，要厘清人伦亲情和党纪国法的界线。领导干部要树立正确的人伦观与亲情观，要将兄弟之间的关系控制在对国家、社会和集体没有危害的范围之内，严守道德底线和法律底线，严防兄弟姐妹凭借自己的权力做一些违反党纪国法的事情，把握好亲情尺度而不以权为兄弟姐妹谋取私利。领导干部在管理好自己的小家庭时，还要做好兄弟姐妹的思想工作，从国家利益、集体利益及家族利益出发，动之以情，晓之以理，争取得到家庭或者家族兄弟的谅解、理解，时间长了，兄弟姐妹就会认同，形成习惯，慢慢地养成一种正能量，培育出优良的家风。

（二）领导干部家庭外部关系

古人在处理家庭外部关系时，讲究交友要慎重，主张交益友而不交损友，古人非常明白"近朱者赤，近墨者黑"这个道理。领导干部家庭外部关系是家庭内部关系的拓展与延伸，领导干部事情繁多，出于工作、生活的需要，接触的对象也是多种多样、形形色色的，复杂而多元，涉及各地区、各领域、各行业、各阶层等，涉的人际关系也复杂多样。在领导干

---

① 李问渠：《曾国藩家书》，哈尔滨出版社，2011年。

部家庭外部关系中，首先是工作关系，这里既包括同事关系、上下级关系等，还包括与工作对象的关系，例如商界人物、企业家、人民群众等；其次是在领导干部成长过程中形成的以共同地域为基础的老乡关系、以共同求学为基础的同学关系等；再次是出于共同兴趣爱好而形成的人际关系，例如牌友、棋友等。领导干部置身于错综复杂的社会关系中，由于自己的特殊身份和社会地位，极易成为一些别有用心之人进行政治攀附和经济围猎的目标，很容易成为一些别有用心之人糖衣炮弹袭击的对象。领导干部如果意志不坚定，缺乏政治定力和政治鉴别力，抵制不住金钱和美色的诱惑，就会被不法分子拉下水，或者是拜倒在石榴裙下。陕西省纪检委官网曾披露，西安市人民政府原副市长强某某与当时担任陕西省人民政府副秘书长的陈某某熟识后，二人打网球、讨论书法，强某某向陈某某送了数幅出自名人之手的书法作品，强某某通过陈某某攀附上了陕西省委原书记赵某某，强某某经常陪赵某某打网球，还收藏赵某某签名的网球，为自己造声势、仗声势。搞政治攀附或者政治依附，与党的性质和宗旨格格不入，是党内关系利益化、庸俗化的表现，利用权力广攀高枝、广结人缘，最终是树倒猢狲散。陕西省纪委监委官网还披露了中陕核工业集团原党委书记、董事长张某某搞政治攀附时更是丑态百出，在网球场上给赵某某发好球、递毛巾，私下还给赵某某送茅台酒、照相机等。领导干部家风优良，就会将好家风带到家庭之外的人际关系中，以正确健康的态度来处理各种各样的关系，不与一些别有用心之人称兄道弟，会厘清政商关系、理顺上下级关系，从而建立健康文明的家庭之外的人际关系。

第二节 领导干部家风的特征

与广大人民群众的家风一样，领导干部家风也具有普通家风的特性与特征，但是领导干部的家风和党风、政风密切相关，因此领导干部的家风还呈现出了自己独有的特性。

一、政治性

按照马克思主义政治学理论，政治是以经济为基础的上层建筑，是经济的集中表现，是以政治权力为核心展开的各种社会活动和社会关系的总和。而在政治活动中，公共权力是政治的核心。领导干部家风与公权力之间联系紧密，领导干部是家庭成员的核心，在政治活动中是公权力的拥有者。出于工作的需要，领导干部在其所辖范围或领域内拥有人事、财务、经济、行政、管理、晋级等法定性权力与奖赏性权力，领导干部在行使公权力过程中起主导作用，居于中心地位。领导干部在一定的环境条件下，其权力和品质对所辖领域、部门、单位及个人会产生影响。领导干部的道德水平、素质能力、家庭生活、工作作风等因素会直接或者间接地影响着政治生态、政治生活、政治形象、政治信仰等多个方面，这就决定了领导干部家风具有很强的政治属性。领导干部家风的政治属性要求领导干部家庭成员关注和参与政治过程，家庭成员对政治活动、政治理念、政治制度、政治行为、政治文明、政治任务、政治路线等所具有的认可度主要是从领导干部家庭教育中获得的。凭借家庭生活中所特有的归属感、亲情感及信任感，使家庭成员自觉或者不自觉地获得政治情感，得到政治认同，了解政治文化。

二、先进性

先进性是马克思主义政党的本质属性，也是共产党人的鲜明特征，中国共产党人百年奋斗历程及其创造的辉煌成就，与共产党人高尚的思想道德水平有很大的关系。而中国共产党人道德的先进性集中体现在理想信念的先进性与道德修养的率先垂范性，所以党员干部自身及其家人的道德状况也会影响着共产党人先进性的建设。领导干部作为重要的政治角色，不仅要在职务职位履行职责，还要在思想状况、精神风貌上起到表率作用，这均需要领导干部自身及其家人公私分明、道德高尚、品行高洁、遵纪守法等。因此，领导干部的家风要比一般民众的家风要求更高、标准更严、规则更细，内涵更丰富，规范性与约束性也更强，对党风、政风、社风及民风会起到促进作用。领导干部重视家风建设，治理好家庭、处理好家事、管理好家人、解决好家务、培育好家风，使家庭成为拒腐防变、保持先进性和纯洁性的坚实堡垒。

三、垂范性

人们都知道"上行下效"的典故，虽然普通群众也有自己的判断力与价值观，但是由于领导干部的权力比较效应，民众会不可避免地进行模仿，所以老百姓经常说"村看村，户看户，群众看干部"，群众看干部主要是看领导干部的作风问题。领导干部的形象、魅力、修养等往往能够影响到单位的形象、部门的形象、地区的形象，影响着一个集体的整体文明。领导干部形象好、修养高，其下属就会模仿、尊敬，进而形成上行下效良好的环境和氛围；相反，领导干部作风懒懒散散、工作松松垮垮、行为我行我素，品质品行品德低下，缺乏人格魅力，就会让下属反感，甚至群起而效仿，从而带动了一个单位、一个部门、一个地区的风气向坏的方向发展。领导干部只有带头作表率，遵纪守法，才能够成为人民群众学习的榜样。榜样的力量是无穷的，领导干部作为公众人物和公共权力的行使者，社会地位高，民众对其的道德期许也高，领导干部自身及其家庭成员的道德情操、为人处世、行为举止等在公众中的口碑和影响如何，会直接影响到公众对领导干部本人的评价，也会影响着党风、政风、民风。因此，领导干部一定要树立良好的公众形象，要有独特的威望、威信、威严，打铁必须自身硬，这就要求领导干部正家风、严家规。领导干部自身及其家人要在职业道德、社会公德、家庭伦理美德方面作出表率，强化纪律意识和道德修养，不断用党规党纪来要求自己、约束自己，时时刻刻记住自己是人民群众的公仆，代表着我们党和政府的形象，要自重自警自醒自律自励，管好家人、身边人、友人，远离动机不明、目的不纯的小人、奸人、坏人，要积极地传播正能量，做好"风向标"，把严以修身、廉洁齐家真正落到实处，为人民群众指明方向。

四、聚焦性

聚焦一般是指将视线和注意力集中在某处。国是千万家，领导干部要重视家风文明建设，努力使千千万万个家庭构成国家富强、民族振兴、社会和谐的基点。家庭虽然是极其小的场域，但是它是社会价值的浓缩，能够反映出家风、民风及政风。领导干部属于"关键少数"，其家风具有政治性、垂范性、表率性的特性，会成为社会大众关注的焦点，也就是说领导干部本人及其家庭成员的一言一行等都会被置于人民群众的视野之中，所以广大家庭要弘扬其优良的家风，得到广大人民群众的认可、支持。家风影响着党风，在目前深入推进反腐败的形势下，党风廉政建设也出现了很多问题，所以聚焦领导干部的家风，将领导干部家风作为反腐倡廉和加强党的建设的切入点，既可以使领导干部清正廉洁，也可以使社会风气风清气正。

五、时代性

家风具有时代性的特征，领导干部家风也具有时代性的特征。随着时代的发展，赋予了领导干部家风建设新的时代内容，针对时代发展的要求与全面从严治党的形势，领导干部家风建设也要与时俱进，以适应时代的发展和管党治党的需要，从而解决新情况、破解新难题。党的十八大之后，反腐败斗争形势严峻复杂，中国共产党坚持党要管党、全面从严治党，一大批大大小小的腐败分子纷纷落马。这些腐败官员贪腐手段之卑鄙、贪污金额之巨大、贪腐生活之糜烂恶劣让人民群众深恶痛绝。许多官员的腐化堕落，大都与家教不严、家风不正密切相关。很多官员在面对外部的各种"围猎"和诱惑时，往往能够从容应对，但是面对来自家庭的压力时往往难以忍受，被"贪内助""腐败夫人""浪荡公子"拉下水。所以，从一些落马官员腐败的轨迹可以发现，很多贪腐案件都带有"全家腐"的特征，领导干部个人品行不端、家风不正、身边不清是其步入腐败深渊的重要因素。因此，党的十八大之后，家风建设被提上重要日程，家风建设也成为党的作风建设的重要一环。习近平总书记在2015年春节团拜会、2015年2月中央全面深化改革领导小组第十次会议，2017年10月党的十九大报告、2019年1月中共十九届中央纪委第三次全体会议、党的十九届四中全会、党的十九届中央纪律检查委员会第六次全体会议等都提到了家风问题，家风问题已经不是小事、私事，而是关系到党员干部的大事，中国共产党提出要重视家风家教家庭，筑牢防火墙，树起廉洁墙。因此，中国特色社会主义新时代领导干部要廉洁自律、筑牢拒腐防变底线，将事关党风的内容融入家风中，把社会主义核心价值观的内容落实到领导干部的家庭中，还必须把全面从严治党的要求贯彻到家庭中。同时，中国共产党也要把领导干部家风建设的内容纳入党风廉政建设的范畴，以党内法规的形式加以规范化与制度化。2016年10月在党的十八届六中全会通过的《关于新形势下党内政治生活的若干准则》就特别强调了领导干部特别是高级干部必须注重家庭、家教、家风；2015年10月中共中央印发《中国共产党廉洁自律准则》中的第八条就特别指出要把"廉洁齐家，自觉带头树立良好家风"作为领导干部廉洁自律的一条重要内容来落实；2018年10月1日起施行的《中国共产党纪律处分条例》再一次明确了领导干部不重视家风建设、对配偶子女失管失教的相关处分规定。可以说，为适应新时代党风廉政建设的新要求，领导干部家风建设不断地被赋予新的精神元素及形式多样的规范内容，这是领导干部家风建设的一个重大创新。

六、科学性

科学性是指概念、定义、原理及论证等内容叙述是否确切、明白，历史事实、数据、任务等是否准确，是否反映出事物的本质和规律，过程与现象中的标准是否有科学依据。任何事物的发展都是有规律可循的，党的建设也有一个科学性与规律性的问题。只有正确认识党的建设的科学性与规律性，才可以使中国共产党成为中国人民和中华民族的先锋队，成为中国特色社会主义事业的领导核心。2009年9月，党的十七届四中全会首次提出了提高党的建设科学化水平这一奋斗目标，党的十八大报告中进一步明确提出要以改革创新精神全面推进党的建设新的伟大工程，全面提高党的建设科学化水平。提高党的建设科学化水平就是要准确把握和运用马克思主义关于政党建设的规律，适应世情、国情及党情发展变化的形势与要求，研究党内出现的新情况、解决党员干部队伍暴露的新问题、创新加强党的建设的新经验，以科学的理论、科学的制度、科学的方法去指导、保障及推动党的建设。党的十九大报告中强调了党内存在思想不纯、组织不纯、作风不纯等突出问题尚未得到根本解决，明确提出了党的政治建设是党的根本性建设，决定党的建设的方向和效果。党的作风建设是党的建设的内容之一，而领导干部家风建设是党员干部作风建设的重要一环。

领导干部家风的科学性要求领导干部要有科学的治家理念，要以习近平新时代中国特色社会主义思想为指导，对待传统家风坚持科学的态度，摒弃传统家风中诸如"棍棒之下出孝子""男尊女卑"等落后愚昧的思想，抛弃封建家庭或者家族的"家长制"作风，以科学的态度看待中华传统家风，理解家风的本质内涵，科学合理建设家风。在家风治理中，领导干部必须坚持从碎片化向系统化转变、从经验化向科学化转变，研究制定与党规党纪党风相结合的家规家训家诫等方面的细则。

领导干部家风的科学性要求领导干部要有科学的治家手段。家庭治理也是有规律可循的，领导干部要在"实事"上下足功夫，了解家庭成员的实际情况，倾听家庭成员的所思所想所愿所求，在家庭治理中坚持科学、民主的精神，有的放矢，对症下药。领导干部在单位或部门是领导者，在家庭中是家庭成员的一分子，领导干部回到家时就应该放下架子、呵护好妻子、教育好孩子，过好自己的日子，以科学民主的精神处理好夫妻关系、父子（女）关系等。当家庭私事涉及公家公事的时候，领导干部应该通情达理地讲道理、授法理、抵情理，还应该入情入理地向家庭成员陈述利弊、讲清利害，以科学的治家举措解决好涉及党风政风的家庭问题。各级组织部门还应该实行领导干部家风的备案制度、领导干部家风的"家访"制度、领导干部民主生活会述家风的制度、领导干部家风考核考评制度等。

七、法治性

法律是成文的道德，道德是内心的法律，法律和道德都具有规范人们行为、规范社会秩序的作用。国家和社会的治理需要道德与法律双重的作用，道德与法律均属于政治上层建筑的范畴，在国家和社会的治理中起着重要的功能与作用。法律重在强制规范，道德重在劝导说服，二者如车之两轮，鸟之双翼，只有相互配合、相互作用才能够共同起到规范约束社会行为的作用。有些家风光靠道德约束和规范是远远不够的，需凭借法律的强制手段才能够贯彻实施，例如，中国传统文化讲究和提倡孝道，"百善孝为先"，孝是道德之首、品德之要，古代孝敬长辈的例子也不胜枚举，但是古往今来，我们国家也有很多不孝的案例，对于某些不孝的行为必须用法律加以处罚，刑法以遗弃罪和虐待罪惩罚不孝之子，对家庭或者家族成员中的老人也是一种保护。2020年5月，陕西省靖边县的马某将自己79岁的患病母亲活埋，后马某的媳妇报案，警察将老人救出。儿子活埋母亲的案件突破了道德底线、人伦底线及法律底线，因此必须严惩。"埋母案"

被告人马某被判刑 12 年。

领导干部家风的法治性，也就是领导干部家风建设过程贯穿的法治化过程，领导干部在依法行使权力的时候，首先自己必须学法、懂法、知法、守法，不知法犯法、不以言代法、不以权压法、不徇私枉法、不贪赃枉法，这是领导干部家风法治化的前提。领导干部在治理家庭的时候，应该经常不断增强家庭成员的法治观念，强化法律意识，必须让家庭成员知晓法律、学习法律、遵守法律。领导干部家庭成员在公共领域内处理各种关系时，要形成遇事找法、解决问题靠法、办事情依法的法律意识、法治思维和法治习惯。领导干部在自己的任内和管辖范围内，对亲属和子女的从政行为、经商活动、工程项目等要严格约束、监督和管控，要以法律尺度和道德准则为准绳衡量家人的行为是否合情合理合法，对子女亲戚的违法违规行为要及时制止，绝不能够放任、纵容。

领导干部在治理家庭时，要始终做到以身作则、以上率下，将法治观念融入家庭家教家风的过程中，还应该重视道德的训育和教化作用，要重视依法治家与以德治家的相结合。领导干部本人严于律己，恪守法律和道德的底线，这是其优良家风法治化最基本的保障。有家庭成员偶尔会受到外部各种诱惑的影响，不可避免地会产生一些不健康的想法，向领导干部提出一些有悖于法律或者道德的要求，领导干部若动之以情，晓之以理，不徇私情，家人就难以出现越轨的行为；假如领导干部自身精神境界不高、法律意识模糊、担当不够、底线不强，"全家腐"的问题就很容易发生。所以，领导干部在家风建设过程中一定要打造遵法、信法、用法、守法的家庭环境，努力促使家庭成员在内心价值理念上树立起对法律的尊崇和认同，不做出轨和失德之事。

第三节 领导干部家风的功能

领导干部的优良家风能够引导领导干部家庭按照道德准绳来规范自己的言行，可以弥补法律、规章、制度、纪律、准则等方面的不足，更能够从精神层面上提升领导干部自身及其家庭成员的思想境界，以此实现自我约束，防止领导干部及其家人思想上错位、行为上越位、管理上缺位，实现家庭治理到位，从源头上根本遏制领导干部自身及其家庭成员违法违纪的动机。

一、训育和教化功能

家是人们幸福生活的栖息地，是人们纯洁真诚以本源状态生活的温馨港湾。在家庭的日常生活中，长辈能够及时洞察家人的言行举止，当晚辈尤其是未成年人的言行不符合家风的要求时，长辈可以及时给予纠偏，使其言归正传、行归正道。这种训育教化作用以血缘关系为纽带，在遵守法律法规的前提下进行的。领导干部家风与普通民众家风一样也具有训育和教化功能，但是领导干部家风具有政治性与法治性，与党风和政风紧密相连，家风建设过程中还伴随着法治化的过程，所以领导干部的家风训育和教化功能还以党规党纪作为保障，以宪法和法律为遵循。在权力运行过程中，部分领导干部干一些违法乱纪的事情，做一些权钱交易的勾当，谋一些假公济私的利益，由于这些事情和行为见不得阳光，方式方法比较隐蔽，局外人不易察觉，可以暂时躲过舆论监督、群众监督、政治监督、司法监督等，但是逃避不了家庭监督，瞒不过家人。针对领导干部违反党纪国法的事情，家人如果能够及时发现并且进行规劝、教育和诫勉，用亲情撼动领导干部的心，使其能够及时悬崖勒马，所以，领导干部家风是党风廉政建设的基石。习近平总书记在第十八届中央纪律检查委员会第六次全体会议上特别强调了抓作风建设要返璞归真、固本培元，在加强党性修养的同时，弘扬中华优秀传统文化。在这次会议上，他还明确指出了领导干部要把家风建设摆在重要位置，廉洁修身、廉洁齐家。领导干部家风是抵御领导干部本人及其家人以权谋私的重要防线，家风不良，领导干部及其家庭成员就会变得任性，严重者甚至会恣意妄为，权力寻租的现象就会出现。领导干部家风清白严正，对领导干部自身及其家庭成员是一种正约束和正激励。从一些家风优良的领导干部可以发现，积极向上向善的家风是国家与社会的"安全阀"，也是国家安宁、社会和谐的重要条件之一。领导干部家庭与公权力联系比较紧密，正确处理公私关系是对本人及其家人的考验，也是检验领导干部家风好坏的重要标志。领导干部家风好就是对一定公权力的正确对待，领导干部及其家庭成员长期养成的高尚品格、向上精神，以及形成的正确的公私观念、亲情理念、财富观念等，会对社会主义精神文明建设起到积极的助推作用。

二、保障和促进功能

2016 年 12 月 12 日，习近平总书记在会见第一届全国文明家庭代表时的讲话中特别强调："领导干部的家风，不仅关系自己的家庭，而且关系党风政风。各级领导干部特别是高级干部要继承和弘扬中华优秀传统文化，继承和弘扬革命前辈的红色家风，向焦裕禄、谷文昌、杨善洲等同志学习，做家风建设的表率，把修身、齐家落到实处。"这就表明领导干部的家风对优良党风的形成有着极为重要的影响。领导干部的家风不仅对领导干部本人及其家庭成员有影响，而且还关系到党的形象，领导干部如果家风不正，则极易腐化堕落，甚至整个家庭或者家族都会被牵涉进去。自党的十八大以来，从大量的贪腐案件可以分析出，领导干部最难应对的不是来自家庭外面的压力，而是来自家庭或者家族内部的压力。机关、单位在选拔党员领导干部时坚持德才兼备，以德为先，对领导干部的选拔"入口关"把得相对较好，很多领导干部的道德素质和行政能力还是很高的，而且很多领导干部经受党的教育、培养和关爱多年，对来自家庭外面的压力能够保持淡定从容，能够经受住糖衣炮弹的袭击，能够抵抗住不法分子的"围猎"，但是中国有着几千年的家庭本位的文化，家庭本位要求个人以家庭利益为重，有时候是无条件地服从家庭，这种落后腐朽的思想有时候也会影响领导干部，领导干部在家庭生活中，面对家人、亲友的压力往往会失去底线，现实中，这种管不住家人而为官不廉的腐败案件很多。相反，领导干部在生活和工作过程中形成和建立起来的优良家风会对领导干部自身及家人的从政行为、人际行为、言谈举止等都有着约束、保障和促进的功能。领导干部家风优良，领导干部必然将优良的家风带到工作中，领导干部及其家人在生活上相互帮助、在工作上相互关心、在事业上相互支持、在感情上相互包容，在处理家庭内外关系时公私分明。有这样优良的家风作为党风廉政之基，那么领导干部想问题就不会带私心杂念，做事情能够公正无私，对家人能够铁面无私并且不假公济私，更不会以权谋私。兰考县委书记焦裕禄就是典型的代表，其儿子焦国庆去与县委大院一墙之隔的戏园白看了一场戏，受到父亲严厉的批评教育。焦裕禄的女儿焦守凤从未利用父亲的权力谋取便利，焦守凤找工作时有公务员、话务员等很多好岗位，利用父亲的影响可以轻而易举地获得这些岗位，但后来父亲还是让她去了食品厂，干最苦最累的活。这样公私分明的家风保障了党风清廉，促进了家风清正。

三、示范和带动功能

中华优秀传统家风清白厚重，是中华民族道德体系的重要组成部分，对家庭或者家族成员的道德教化起到了至关重要的作用。领导干部作为家庭中的一分子，从小就生活在特定的家庭中，如果能够从小受到中华传统优良家风的影响、感染和熏陶，那么其道德品质、道德情操、道德水平就会很高。新时期干部选拔工作中坚持的一条干部原则是德才兼备、以德为先，这是中国共产党对干部选拔任用工作的科学总结与历史经验，对于建设高素质的党员干部队伍意义重大。"德才兼备、以德为先"中的"德"是指道德品质和政治品行，对于领导干部来说，德与才都不能够缺少，但是德是第一位的，决定着才的方向，有才无德的领导干部最终会败坏党的事业。中国共产党根据"德才兼备、以德为先"这一原则，目的是将那些品德高尚、作风正派、政治过硬的好干部选拔出来，让选拔出来的干部得到社会认同、群众认可，明确体现党的用人标准和干部路线，这样才能够取信于民，获得人才。在领导干部成为群众信任、组织放心、单位满意的好干部之前，其德行是家风、党风、政风、社风、民风等相互作用的结果，家风对其德行的影响可以说是举足轻重的，家庭是其生活最久、影响根深蒂固的场域，这就决定了领导干部的"德"比普通民众的"德"起点高、标准严、含金量大，示范和带动作用明显。

政者，正也，子率以政，孰敢不正？成为领导干部之后，特殊的地位决定了民众对领导干部有着极高的道德期盼和工作期许，人民群众既从领导干部本人的工作业绩和道德表现来评判领导干部的官德和才能问题，还从领导干部的家人的所作所为和道德状况来评判领导干部。李昌龄《乐善录》中有一句振聋发聩的话："为父为师之道者无他，惟严与正而已。"[1]领导干部也是这样，只有以身作则，身正为师为范，才能够达到以上率下的目的。所以，领导干部在协调家庭内外关系过程中所体现出来的行事风格，也能够体现出领导干部自身的精神价值。领导干部本人及其家人在人民群众中形象好、口碑好，好家风带动好民风，提升好党风，领导干部家风以其特有的示范性带动着党员干部、人民群众树立良好的家风，改善和提高全社会的整体向好，改进和提升全民族的风气向善。所以，毛泽东同志就曾经强调："只要我们党的作风完全正派了，全国人民就会跟我们学。党外有这种不良风气的人，只要他们是善良的，就会跟我们学，改正他们的错误，这样就会影响全民族。"[2] 习近平总书记在强调领导干部作风示范

---

① 程钧、葛玲：《中国家教古训》，山西人民出版社，1991年，第63页。
② 《毛泽东选集》（第3卷），人民出版社，1991年，第812页。

和带动作用的同时，也突出强调了抓住"关键少数"的重要性，他于2020年1月8日在"不忘初心、牢记使命"主题教育总结大会上强调："领导机关是国家治理体系中的重要机关，领导干部是党和国家事业发展的'关键少数'，对全党全社会都具有风向标作用。"群众看干部，群众以干部为表率，领导干部清白清廉家风对群众具有示范和带动作用，中国共产党通过制度建设、典型示范、培训学习等抓好领导干部的家风建设，带动出好的风气。

四、传承和弘扬功能

中华优秀传统文化是中华民族的"根"和"魂"，中华各族儿女世世代代培育的独具特色、博大精深的中华文化，为中华民族战胜各种磨难、渡过各种难关、推动经济社会的发展提供了强大的精神动力。在长达数千年的历史发展中，中华民族之所以能够屹立于世界民族之林，就是因为创造了辉煌灿烂的文化，为中华民族生生不息提供了丰厚的文化滋养。历史经验和现实情况都表明，一个民族如果抛弃了本民族的文化，就会失去发展动力。文化兴则国运兴，文化强则民族强，如果没有高度的文化自信，那么就没有中华民族伟大复兴。所以，习近平总书记在党的十九大报告中强调指出："发展中国特色社会主义文化，就是以马克思主义为指导，坚守中华文化立场，立足当代中国现实，结合当今时代条件，发展面向现代化、面向世界、面向未来的，民族的科学的大众的社会主义文化，推动社会主义精神文明和物质文明协调发展。"家风是中华优秀传统文化的重要组成部分，在中华优秀传统文化中，家风是最接地气也是对人影响最持久的文化因素，因为家风是在生产和生活实践中产生，并在生产和生活实践中践行，贯穿于人们的行动中、贯彻于人们的思想内、体现在人们的行为中、展现在人们的话语里、表现在人们的交往中等。家风伴随着中华传统文化代代相传，经久不衰。在中国特色社会主义新时代，继承和弘扬家风对于中华优秀传统文化的创新性转化和创造性发展具有重要意义。中国共产党从诞生的那一刻起就成为中国先进文化的积极引领者和践行者了，也是中华优秀传统文化的忠实传承者和弘扬者。传承和弘扬中华优秀传统文化尤其家风文化，是每个领导干部义不容辞的责任，领导干部家庭不仅是社会的基本组织结构，是为日常生活提供时间和空间的场域，而且也是一个浓缩的文化传承和弘扬的系统，中华优秀传统文化要通过家庭的封闭性和隐秘性传承下来。领导干部在社会上有着特殊的地位，其家风也具有示范性、引领性和带动性，领导干部带头继承和弘扬家风等中华优秀传统文化，会对全社会产生风向标的作用。领导干部要注重内容与形式、实践与养成等的相结合，与社会主义核心价值观有机结合，学习和践行中华民族传统美德和礼仪、大公无私的价值理念、坚持不懈的追求精神、清正廉洁的为官之德等，把中华优秀传统文化的价值精神更好地融入生产和生活的方方面面，融入日常的家庭生活里面，努力调动广大党员干部、人民群众参与文化建设的积极性，为中华优秀传统文化的繁荣及创新作出贡献。

五、保持和促进功能

家风建设的目的是保持家庭或者家族的兴旺发达、长盛不衰、蒸蒸日上，日益发展壮大，家庭或者家族成员能够奋发有为、积极向上向善。优良的家风就如路一样越走越宽，如楼房一样越盖越高，能够使家庭或者家族的子弟成为各行各业的建设者。君子之泽，五世而斩。道德传家，十代以上……富贵传家，不过三代。家庭或者家族先人对勤勤恳恳的创业有着极深的感受，对创业维艰的道理深有体会，通过不断的打拼、不断的奋斗、不断的积累，最后拥有万贯家财，有的可谓是富可敌国。但是，古人为何还要重视家风家教家庭建设呢？因为他们清楚地知道"纨绔子弟""花花公子""不肖子孙"等的危害，通晓"坐吃山空""积善之家，必有余庆；积不善之家，必有余殃"等的道理。家庭或者家族的第一代人艰苦奋斗，创业维艰，勤劳致富；第二代人也在创业守业，但是压力不强而动力不足；第三代子孙骄奢淫逸、挥霍浪费，最终家道败落，这可能是很多家庭难以跳出的周期率。优良家风能够保持家庭或者家族富贵绵延，家和事兴。现代主义建筑大师贝聿铭的建筑作品闻名于世界，他设计建筑的华盛顿国家艺术馆东馆、卢浮宫的玻璃金字塔等美轮美奂的作品，在贝聿铭102 年的人生历程中，几乎拥有建筑师所拥有的全部荣誉，但是留给人们印象最深刻的是其家族的优良家风，目前是中国唯一富过 15 代的家族，其家训只有短短 30 个字："以产遗子孙不如以德遗子孙，以独有之产遗子孙，不如以公有之产遗子孙。"

劳动创造了人，人又在劳动中发展，劳动又改造了人，保持优良家风，既是中华民族先人生产经验的总结，又是生活经验的体会。优良的家风能够保持家庭和睦、事业兴盛，不仅为家庭或者家族生育、养育、教育出一代又一代的德才兼备的生产者和劳动者，促进家庭或者家族的生生不息，而且也为国家、社会提供了一批又一批的合格建设者和接班人，促进了经济社会又好又快向前发展。优良的家风能够培育出德才兼备的各方面的有用人才，工人、农民、科学家、管理人员、干部、高级知识分子等都成为国家各条战线上的先进工作者，他们都以卓越的精神面貌、踏实的工作作风、一丝不苟的工作干事态度和高尚的担当精神引领着企业、部门、单位及地区的发展。领导干部的家风与党风密切相连，优良的家风能够保持党风的纯洁性和先进性，能够促进党风廉政建设，能够密切联系群众，能够推进中国特色社会主义伟大事业，实现国家富强、民族振兴、人民幸福的中国梦。家风首要的是要求家庭或者家族成员做好人，党风首要的是要求是党员干部做好官，二者的目标具有一致性，就是要兢兢业业、踏踏实实、勤勤恳恳地做好自己的本职工作，为国家和社会奉献自己的聪明才智，促进社会经济发展、社会和谐、文化繁荣。中国特色社会主义新时代，社会的主要矛盾发生了变化，人民对美好生活的向往就是我们的奋斗目标。实现人民美好生活的目标，就需要创造更多的物质财富和精神文化产品，在家风和党风的良性互动中实现人的全面发展，实现人民的幸福、社会的进步、国家的富强。

第四节　家风与党风的相互关系

领导干部家风与党风有着千丝万缕的联系，领导干部的家风与党风相互联系、相互影响、相互渗透，梳理好二者的关系，就能够涵养优良家风，培育出优良党风，净化党内的政治生态。

一、家风与党风建设内容联系紧密

家风是一个家庭或者家族的风气，也是中国特色社会主义新时代党风建设的重要内容。清白清正清廉的党风与优良的家风紧密相连，很多领导干部的贪腐行为均与家风不正有很大关系，家风败坏是领导干部走上违法违纪道路的助推器。党的十八大以来，中国共产党把家风建设作为领导干部作风建设的重要内容，习近平总书记在多次会议上强调了领导干部家风建设的重要性，《关于新形势下党内政治生活的若干准则》《中国共产党廉洁自律准则》等党内法规对党员干部家风问题有相关的规定。对于领导干部来说，家风连着党风，家风清正，党风才能够清廉。领导干部加强家风建设，坚定理想信念，提高党性修养，始终牢记和践行全心全意为人民服务的宗旨，以优良家风涵育出好的党风。

二、家风与党风建设时间前后衔接

家风在家庭或者家族成员很小的时候就开始起作用，在家庭或者家族成员具有认知和情感的时候就起着潜移默化的作用，家风对人的影响可以说是终其一生，贯彻一个人的发展始终，家风的好坏直接影响着一个人的一生一世。根据《中国共产党章程》，年满十八岁的中国工人、农民、军人、知识分子和其他社会阶层的先进分子，承认党的纲领和章程，愿意参加党的一个组织并在其中积极工作、执行党的决议和按期交纳党费的，可以申请加入中国共产党。在加入中国共产党之后，党员便开始参加党的组织生活，参加党的会议，接受党的教育和培养。对于党员来说，入党之前深受家风的熏陶与涵养，到十八岁时，其世界观、人生观和价值观已经初步定型，优良家风能为党、国家和社会输送一个合格的人才。在加入中国共产党之后，党员接受党组织的教育和培养，党风开始形成，在今后的学习、生活及工作中继续进行政治历练、专业训练、思想淬炼、实践锻炼，使得党性越来越强，党风越来越好。

三、家风与党风道德基质具有一致性

中华传统文化历史悠久，家风是中华优秀传统文化的重要组成部分，是中华民族在长期生产和生活实践中的感悟和经验的升华。党风是党的作风，是党的无产阶级性质和世界观在党的工作和活动中的表现，是全党包括党的各级组织和党员个人在思想、政治、生活、工作等方面体现党性原则的一贯态度和行为。家风和党风的道德基质具有一致性。例如，根据《中国共产党章程》第三条，党员必须履行的义务中，"坚持党和人民的利益高于一切，个人利益服从党和人民的利益，吃苦在前，享受在后，克己奉公，多做贡献。"这与范仲淹的"先天下之忧而忧，后天下之乐而乐"具有异曲同工之妙。"克己奉公，多做贡献"与《裴氏家戒》中要求的"故为人子孙者，应修身明德，遵守正道"也具有一致性。《中国共产党章程》还规定党员有"维护党的团结和统一，对党忠诚老实，言行一致"的义务，中华优秀传统家风中也有以忠于国家、担当国事为荣光，河东裴氏宗庙的门口就树立着"忠孚华夏"牌坊，为裴氏家族扛起了爱国的大旗。《中国共产党章程》要求党员要"发扬社会主义新风尚，带头实践社会主义核心价值观和社会主义荣辱观，提倡共产主义道德，弘扬中华民族传统美德"，其实，党员干部在培育和涵养家风的过程就是对中华传统美德的弘扬，社会主义荣辱观与古人所讲的礼义廉耻等具有一致性。

四、家风与党风在文化上同根同源同脉

家风是一种家族文化，是在生产生活实践中产生的，是中华优秀传统文化的重要组成部分。而文化是一个国家与民族的灵魂，文化兴则国运兴，文化强则民族强。我们现在要坚持的是中国特色社会主义文化发展道路，党的十九大报告中明确指出："中国特色社会主义文化，源自于中华民族五千多年文明历史所孕育的中华优秀传统文化，熔铸于党领导人民在革命、建设和改革中创造的革命文化和社会主义先进文化，植根于中国特色社会主义伟大实践。"在中国特色社会主义新时代，中国特色社会主义文化需要党员干部带头去培育、带头去践行、带头去传承，广大党员干部的党风党性离不开中国特色社会主义文化的涵养与熏陶，可以说，党风本身就是中国特色社会主义文化在党员干部身上的一种外在体现，由此可见，家风与党风在文化上具有同根性、同源性及同脉性。根据《中国共产党章程》，中国共产党以马克思列宁主义、毛泽东思想、邓小平理论、"三个代表"重要思想、科学发展观、习近平新时代中国特色社会主义思想作为自己的行动指南。毛泽东思想和中国特色社会主义理论体系是马克思主义中国化的理论成果，尤其习近平新时代中国特色社会主义思想是对马克思列宁主义、毛泽东思想、邓小平理论、"三个代表"重要思想、科学发展观的继承和发展，是马克思主义中国化的最新成果，是党和人民实践经验和集体智慧的结晶。因此，马克思主义中国化的理论成果和家风一样也具有实践基础，并且吸收和运用了中华优秀传统文化的精髓，在中国化的马克思主义理论指导下形成的党风具有中华优秀传统文化的道德禀赋，所以家风和党风在文化上具有同根性、同源性和同脉性。

五、家风与党风的规范作用相互补充

家风是家庭或者家族的道德伦理风范的外在显现，对家庭或者家族成员具有规范作用，这种规范作用主要是道德行为的自觉，但有时候也有一

定的强制性和硬约束，在家庭中，对不服从管教者可以依照家规来进行一定的惩戒，但是这种处罚要在国家法律法规的前提下进行，不能够超越法律法规的界线。领导干部的党风是通过党章、党规和党纪来规范的，党规党纪等党内法规具有强制性的作用，党规党纪对党员干部具有约束、规范和警示的作用。一名党员干部要懂法纪、明规矩、存戒惧，但是，领导干部手中掌握着权力，光靠党风或者仅凭家风的约束与规范是不够的，必须党内监督和家庭监督相结合、家风劝谕与党风强制相结合，这样才能够使领导干部时刻保持理论上的清醒、政治上的坚定。领导干部思想定力、政治定力、战略定力和道德定力过硬，才能够经得起大风大浪的考验。

第二章 注重官员家风建设的中国传统文化与中国共产党加强领导干部家风建设的优良传统

　　家庭是社会的细胞,中华民族大家庭是由千千万万个小家组成的,家庭和谐稳定是社会和谐稳定的基础。从古代到现在,历史上有作为、有建树的帝王将相、历史名人及黎民百姓都非常重视家风建设,因为他们清楚地认识到家风好就能够管好家、理好政、治好国;反之,家风不好,就容易出小人、出奸臣,轻则毁家,重则祸国。

第一节 中华民族有重视家风建设的优良传统

　　家风是中华民族传统文化的宝贵财富与道德根基,蕴含着治家之道、修身之法、处世之则、做人之要等,是一个家庭、民族、国家的精神支点和动力源泉,家风正,源头就正,后代就正,民间有"有其父必有其子""上梁不正下梁歪,中梁不正倒下来"等的说法,所以重视家庭、家教与家风建设是中华民族的优良传统。

一、古代官吏重视家风建设

　　在古代,读书人以"修身、齐家、治国、平天下"为人生最高理想。

而其中，修身是家庭家教家风的重要内容，齐家是家庭家教家风所要实现的目标，帝王将相、王公贵族们的一言一行，对国家、社会及自身家庭都有很大的影响。所以，他们的家风家教便成为后世传家教子的重要参考。

（一）周公：地位优越但不能骄奢

古代帝王将相、达官显贵因为政治地位优越、社会地位特殊、生活条件富足，往往举家锦衣玉食。然而，富足的生活却易使子弟滋生奢侈之风，骄奢淫逸，不思进取，所以开明的帝王将相与达官贵人都非常重视教育子女能尚俭戒奢、克勤克俭、谦虚谨慎，实乃智慧之举。早在三千多年前，周武王之弟周公（姬旦）的儿子伯禽被封为鲁国国君。在儿子赴任前，周公就多次叮嘱儿子："我文王之子，武王之弟，成王之叔父，我于天下亦不贱亦。然我一沐三捉发，一饭三吐哺，起以待士，犹恐失天下之贤人。子之鲁，慎无以国骄人。"[1] 周公这句话的意思是教育儿子不要因为当了鲁国的国君而看不起士人。周公认为，德行宽厚并且恭敬待人就能够得到荣耀，土地广袤但是勤劳俭朴就不会有危险，禄位尊贵但保持谦虚自敛就能够富贵绵延，兵强马壮但常怀敬畏就能够保持常胜，聪明伶俐但总认为自己愚昧无知就能够明哲保身，博闻强记但感觉到浅薄无知才是真正的聪明。伯禽到鲁国赴任后，掌管鲁国长达 46 年，他以礼治国，克勤克俭、礼贤下士、清正廉洁、修己敬德、移风易俗，使得鲁国获得"礼仪之邦"的美誉，让人们交口称赞。[2]

（二）曹操：对官员子女教育的典范

三国时期的魏武帝曹操可以说是对官二代教育的历史典范。曹操共有子女 32 个，长大成人的有儿子 16 个，曹操的几个儿子非常厉害，其中最著名的是曹丕和曹植，曹操、曹丕和曹植是建安文学的代表人物，文学造诣很深，史称"三曹"。其中，曹植最为有名，其作品《七步诗》更是广为人知。而曹丕也是"博闻强识，才艺兼备"。另一个儿子曹冲虽然早早

---

① 胡申生：《中国家训家风中的文化传承》，《决策》2015 年 3 月。
② 郑朝彬：《<史记>所见之"周公"探析》，《安顺学院学报》2013 年第 8 期。

夭折，但是据说五六岁的时候就达到了成人的智力，这都与曹操重视家教家风有很大的关系。曹操对儿子的要求很严格，为了鼓励孩子们努力学习，曹操曾经颁布了《诸儿令》："儿虽小时见爱，而长大能善，必用之，吾非有二言也。不但不私臣吏，儿子亦不欲有所私。"意思是说，孩子们小的时候，我都喜欢，但是到长大成人的时候要择善而用之，我说到做到。对自己的手下不能够有私心，对自己的儿子不能够偏心，要客观公正、唯才是举。字里行间表达了公正分明、用人唯贤，而不以权谋私，同时也说明了对儿子们的道德品行的严格要求。曹操为了教育好儿子，特为儿子选派了最好的老师，这些老师都是德行宽广、深明法度之人。①

（三）范仲淹：先忧后乐、家风廉俭

范仲淹是苏州吴县人，字希文，北宋时期著名的军事家、政治家、教育家及文学家。范仲淹在《岳阳楼记》中写下了脍炙人口的传世名句："先天下之忧而忧，后天下之乐而乐。"这是对他一生忧国忧民的真实写照，体现了他心忧天下、以利民为目的高尚情操。范仲淹出身贫苦，贫穷的生活使他养成了艰苦朴素的习惯。他后来入朝为官，所得俸禄皆接济了穷苦的百姓，但是自己的子侄出门时则轮流换着穿衣服。范仲淹治理家庭非常严格，专门写下了《诫诸子书》，教育自己的后人做人应该修心正己，行善积德，要求家族成员之间要团结和睦、友爱共处、互相帮助。范仲淹家族成员恪守祖训，把"先天下之忧而忧，后天下之乐而乐"的家国情怀与"谦虚廉俭"的做人节操相结合，并且用以规范家族成员的行为，因此形成了志高远（勤读圣贤书，尊师如尊亲）；厚人伦（家族之中，不论亲疏，当念同宗共祖，一脉相传，务要和睦相处）；睦四邻（礼义勿疏狂，逊让敦睦邻）；俭养德（谦恭尚廉洁，绝戒骄傲情）；清白吏（清心做官，莫营私利）；守规矩（做事循天理，博爱惜生灵）的良好家风。范仲淹家

---

① 张菊玲、张小锋：《曹操、诸葛亮家教家风略论》，《秦汉研究》2021 年 12 月 31 日。

族长盛不衰就是靠着清廉俭朴的家风，家族成员很少干违法乱纪的事情。①

（四）于成龙：廉吏清俭家风传世

于成龙是清朝山西永宁人，永宁即现在的山西省吕梁市方山县。于成龙在 20 多年的为官生涯中，经得起寂寞和清贫，时刻恪守"清、慎、勤"的为官风范，清正廉洁，淡泊名利，勤政爱民，康熙皇帝称其为"天下第一廉吏"。于成龙不仅是廉政的典范，也是家风廉正的楷模。于成龙的长孙于准继承了祖上的优良家风，整理和总结了于家先人的家规家训，经过 4 年的时间，整理和完善了《于氏宗谱》，修订了 22 条《于氏族规》和 41 条《于氏家训》。于成龙家族家训传承了几百年，其基本精神是"勤耕读、尚节俭、循法礼、孝乡里、廉仕吏、存仁德"，囊括了俭、勤、学、廉、善 5 个方面的朴素道理，全面勾画出了于氏家族成员勤俭持家、以孝治家、和睦乡邻的良好家风，表达出了于成龙"头上有青天做事要存天理"的道德准则和"脚下是脊地存心与民共治"的施政理念。于成龙家风中体现出浓浓的家国情怀，他用 20 多年为官实践把"小家"的家风深深地带进了"大家"的治理中。于成龙教育后代儿孙身虽贵显，切要勤俭；待人谦光，不可骄傲。于成龙的儿子于廷翼曾经在曲沃县做过训导，于成龙多次提醒儿子要心存敬畏，清廉传家。在父亲的教导下，于廷翼为政以德，清廉善政，多次受到康熙皇帝的褒奖。于氏家族的家风对于氏后人尚义、勤俭、谦让优良品质的养成起到了重要的作用，对当时和现今的民风也有着长远的影响。②

（五）林则徐：恪守家风为政勤廉

民族英雄林则徐是清朝著名的思想家、政治家和诗人，林则徐的父亲林宾日虽然家无一尺之地、无半亩之田，仅仅依靠在私塾教书维持生活，但是对林则徐的家教极为重视。在林则徐 4 岁的时候，其父便"怀之入

---

① 陈希丰：《"以俭约率家人"——范仲淹的清俭家风》，《旗帜》2020 年 7 月 15 日。
② 《山西吕梁于成龙："天下廉吏第一"清俭家风传世》，《中国纪检监察》2016 年 11 月 20 日。

塾，抱之膝上"，教其学习"四书""五经"。在父亲的言传身教下，林则徐长大后承家报国。苦难的童年和严格的家教使其在后来担任官员时都能够保持勤俭节约和体察民情的作风。林则徐为官30多年，担任过封疆大吏和地方高官，官至一品，每年的"养廉银"约有两万两。他将这些钱大部分用于公共开支，少部分用于赡养和孝敬老人，留给孩子的财产还不及他一年的"养廉银"多。林则徐不仅自己勤政爱民、清廉为官，而且家教严谨，对家人也是高标准、严要求。在50岁时还亲笔题写了"十无益"的格言，并挂在家里，将之作为林氏家族的家训，即"存心不善，风水无益；不孝父母，奉神无益；兄弟不和，交友无益；行止不端，读书无益；心高气傲，博学无益；做事乖张，聪明无益；不惜元气，服药无益；时运不通，妄求无益；妄取人财，布施无益；淫恶肆欲，阴骘无益"，这"十无益"家训既是林则徐对子孙后代的严格要求，也是对自己的行为规范。①

二、古代劳动人民重视家风建设

家风是古代劳动人民在生产和生活实践中产生的家庭文化，是劳动人民对生产经验的总结和对生活经验的感悟。劳动人民在长期的生产和生活实践中认识到创业难而守业更难，要想实现可持续发展，就必须让子孙后代将自己在长期生产和生活实践中总结出来的价值理念、思想观念、文化风格、为人处世、经验体会及生存之道等代代相传。子孙后代要恪守祖训，努力践行，内化于心，外化于行，才能够实现和延续家庭或者家族的辉煌。

（一）孝义传家：郑氏家族

中纪委曾经在官网推出"中国传统中的家规"专栏，首期推荐郑义门：孝义传家九百年。郑义门被称为"江南第一家"，在浙江省金华市浦江县郑宅镇。郑氏宗祠内有元朝丞相脱脱书写的"白麟溪"碑，明朝开国

---

① 许维勤：《林则徐的家风家教》，《公民与法》（综合版）2018年4月25日。

皇帝朱元璋亲赐的"江南第一家"牌匾，范仲淹和朱熹等历史名人题写的楹联、匾额等。一个家族在历史上多次被朝廷表彰，可以称之为"义门"。一般的家族可传一代两代或者三代四代，能传五代六代已经是难能可贵了，而郑义门整整传承了十五代。郑义门在巅峰时期有 3000 多人同吃一"锅"饭，没有出现大的矛盾和问题。最让人们称赞的是，郑氏家族出过173 个政府官员，却没有一个因为贪赃枉法而被罢官的。郑氏家族能够传承十五世，关键是有一部可操作性强的《郑氏规范》，涉及冠婚丧祭、子孙教育、家政管理等内容，将"孝义"理念贯穿其中，郑义门也因以孝治家而闻名天下。郑氏家族注重从小培养子女的孝悌意识，要求孩子在 5 岁的时候就开始"讲书"，8 岁的时候要"入小学"，12 岁的时候就要外出学习，16 岁时就开始学习以"孝悌"为主要内容的知识。在"义"方面，郑义门承担了和睦乡邻、稳定社会的责任，当乡邻遇到困难之时，慷慨解囊，为乡邻提供衣食住行等方面的帮助，为乡邻提供御寒之衣、续食之粟、庇穷之屋，还为乡里乡亲修桥补路、传授文化知识。郑义门家风涵育了一代又一代的后人，也为国家和社会培育了一代又一代的栋梁之材。郑义门孝义文化至今仍然值得我们去学习和借鉴，对我们加强家庭伦理美德教育和加强乡村基层治理具有重要的参考价值。①

（二）耕读传家：曾氏家族

中华民族先人聚族而居，精耕细作的农业文明孕育了独特的生活方式、价值观念、文化传统及精神风貌等，家风就是在这种生产和生活方式下产生和发展起来的，而家风的历史传承性、地域的多样性，又扎根于民间的肥田沃土，这是家风的重要特征，也是优良家风涵养下的家族能够长盛不衰的重要原因。所以从古到今，很多家庭或者家族均把耕读传家作为一条重要的家训家规，劝勉子孙后代要辛勤劳动、读书学习。其中"耕"是一种生产和生活方式，家族子弟在辛勤劳动的过程中，不仅可以培养吃

---

① 鲁晓敏：《郑义门：一个家族的大同神话》，《文学港》2022 年 7 月 1 日。

苦耐劳、踏实稳重的精神，能够体会到"谁知盘中餐，粒粒皆辛苦"的艰难，有助于养成勤俭持家的良好道德风尚。而"读"不仅仅是为了考取功名利禄，通过读书学习可以明理、立德、修身，能够陶冶情操，实现自我完善，还可以实现治国平天下的长远愿景。

"耕读传家"这一古训，比较有代表性的是曾氏家族。自明代以来，曾氏家族世代为农，"积善孝友，而不显于世"。[①] 曾氏家族的家风开始于曾国藩的高祖一代，凭借勤劳而达到了致富，他深深体会到创业的艰辛，感悟到没有优良家风的涵养与传承，便不可能有家族的可持续发展，因而经常警诫子孙要"耕读传家"，曾氏家风便由此逐渐形成。曾国藩的曾祖父一生兢兢业业、勤俭持家，继承和弘扬家风，使曾家的基业得到进一步发展。曾国藩的祖父曾星冈年轻时游手好闲、不务正业、懒懒散散，长辈们经常对其进行冷嘲热讽。长辈们的言语刺激终于唤醒了曾星冈，每天天没有亮就起床，开山垦荒，凿石决壤，连通成片十数畎，成为立家基业。曾星冈还根据自身的生活经历和体验，制定了"耕读"为本的家法，教育子孙谋生读书之法。曾国藩对祖父治理家庭的方法进行了发展和完善，总结出了书、蔬、鱼、猪、早、扫、考、宝八字，作为治家八字诀。这八字诀涉及农家日常生活的很多问题，体现了耕读为本的治家传家理念。曾国藩后来飞黄腾达时也没有忘记耕读的家风，他还告诫在家乡务农的弟弟曾国潢要专注于耕种，因为在曾国藩看来，要想实现家业持久发展，凭借的是好家风的引领，而不是通过升官发财来实现。[②]

（三）廉洁齐家：颜氏家族

颜氏家族的廉洁齐家思想主要体现在颜之推所著的《颜氏家训》中，颜之推所处的魏晋南北朝时代是中国历史上的剧烈动荡时期，统治阶级贪污腐化，社会混乱，官员挥霍堕落，战乱频发。颜之推认识到官员贪污腐

---

① 王定安：《曾国藩传》，重庆出版社，1998年，第3页。
② 侯红霞、申晓华：《曾国藩家风观及其当代价值》，《中共太原市委党校学报》2019年6月1日。

败等不良风气给社会带来的巨大破坏性及给人民群众带来的灾难性，而贪污腐化的社会风气最初也是因帝王将相、士大夫等奢靡的家风而导致的，所以颜之推将廉洁齐家的思想贯彻到家训当中，作为子孙后代建设家风的重要遵循，以此来达到"整齐门内，提斯子孙"①。首先，构建良好的家庭伦理关系是廉洁齐家的前提。《颜氏家训》认为必须处理好父子、夫妻和兄弟之间的关系，管理好一个家庭必须以身作则，相互尊敬，要做到父慈子孝、兄友弟恭、夫义妇顺。其次，勤俭持家是廉洁齐家的基础。针对官宦家庭的奢靡浪费行为，颜之推提倡勤俭节约，反对奢侈和浪费。要求家族成员做到"如能施而不奢，俭而不吝，可矣"，也就是说，施舍但不奢侈，节约但不吝啬，要对自己要求严，帮助别人时要慷慨解囊，颜之推认为要保持勤俭持家的家风就需要养成俭朴的生活作风，他本人以身作则，身体力行，生前要求其家人为其将来丧事简办。再次，培育廉洁家风是廉洁齐家的手段。颜氏家族注重培育家人的廉洁意识，重视廉洁教育，对培育人的世界观、人生观和价值观起到固本培元的作用，他提出教育要从胎教开始，"怀子三月，出居别宫，目不邪视，耳不妄听，音色滋味，以礼节之"。② 颜氏家族的早教思想对其家族成员影响深远，颜之推本人四朝为官，并且成就颇大，这与其廉洁家风是分不开的。此外，颜之推还反对以名谋利的行为，杜绝通过名声来获取钱财，"吾见世人，清名登而金贝入，信誉显而然诺亏，不知后之矛戟，毁前之干橹也"③。教育家族成员要加强道德修养，脚踏实地，树立好名声。自古以来，大多数官员陷入贪腐的泥潭都是由于三观不正、生活作风不好所致，这些贪腐官员丧失了做人的道德底线，行为失范，作风败坏，最后欲壑难填，不注意生活上的小节而最

---

① 颜之推：《颜氏家训全译》（修订版），程小铭译注，贵州出版集团，2008，第1页。

② 颜之推：《颜氏家训全译》（修订版），程小铭译注，贵州出版集团，2008，第5页。

③ 颜之推：《颜氏家训全译》（修订版），程小铭译注，贵州出版集团，2008，第150页。

终失去了大节，从而走上了违纪违法甚至犯罪的道路。高尚的道德情操培养和健康的生活情趣养成不是一蹴而就的，需要在日常生活中慢慢养成，需要在家庭生活中长期熏陶而成，廉洁修身才能够廉洁齐家，出仕才能够廉洁为官。

积善之家，必有余庆。中华民族历来重视家风建设，上至帝王将相，下到黎民百姓，都非常重视家风家教，在中华数千年的历史传承中，建设优良家风可谓是家庭或者家族的重任，社会各阶层均对家风有着极高的要求，这种潜在的精神力量成为推动家庭或者家族发展的内在精神动力。尽管各个家族的家风不完全相同，但是都根植于乡土社会，是人民群众在生产和生活实践中的感悟与认识，人民群众是家风的创造者、推动者和践行者，"从中国特色的农事节气，到大道自然、天人合一的生态伦理；从各具特色的宅院村落，到巧夺天工的农业景观；从乡土气息的节庆活动，到丰富多彩的民间艺术；从耕读传家、父慈子孝的祖传家训，到邻里守望、诚信重礼的乡风民俗，等等，都是中华文化的鲜明标签，都承载着华夏文明生生不息的基因密码，彰显着中华民族的思想智慧和精神追求。"[1] 人民群众通过忠厚传家、勤俭持家、以德旺家等治家理念使家族开枝散叶，逐渐发展壮大，通过诗书兴家打通向上发展的通道，进而实现治国平天下的长远目标。

三、革命前辈重视红色家风建设

红色家风，是指在中国共产党人领导的革命实践活动中，由老一辈无产阶级革命者所构建的，以中华民族传统家风文化为底蕴，以先进性为引领，以革命家庭为载体，适应中国革命和建设事业而形成的一种精神品质、行为规范及道德修养。老一辈无产阶级革命家的红色家风彰显了爱党爱国爱家、廉洁自律、艰苦朴素、乐于奉献及不搞特殊化的优良传统。老

---

[1] 习近平：《论党的宣传思想工作》，中央文献出版社，2020年，第294页。

一辈无产阶级革命家在传家教子方面有着相同的品质，即坚持以身作则。不管是在革命战争时期，还是在社会主义建设及改革开放时期，中国共产党总是能够严格要求自己及其家人，突出地表现在具有崇高理想、全心全意为人民服务、努力学习，不搞特殊化等，例如陈云、许向前等老一辈无产阶级革命家就是这样的典范。

第二节　家风是中华传统文化的重要组成部分

中华优秀传统文化是中华民族的"根"和"魂"，若丢掉传统就等于失去我们的根，就等于割裂了我们的精神命脉。而家风则是中华传统文化的重要组成部分，或曰是传统文化中的一个非常核心的内容，天下之本在国，国之本在家，家风是传统文化的精神财富和道德根基，家风是建立在中华传统文化之上的集体认同和智慧结晶。

一、中华传统文化蕴含着丰富的家风内容

中华传统文化上下五千年，可谓是源远流长，蕴含了极其丰富的家风家教内容，家风、家祠、家训、家谱、家规、家教构成了中国古代治理家庭的要素，家庭是社会的细胞，国家由千千万万个家庭组成。家是人生的起点，古人讲的修身、齐家、治国、平天下，积淀了传统文化的合理内核，说明了家庭家教家风至关重要。中华优秀传统文化的教化内容包括用以规范人伦关系的"五常"（即仁、义、礼、智、信），用以处理人与人之间关系的"五伦"（父子有亲，君臣有义，夫妇有别，长幼有序，朋友有信），用以家庭教化的"八德"（孝、悌、忠、信、礼、义、廉、耻），这些内容包括齐家之道、治国之法、为政之要、处世之则等，为我们提供了立德、树人、为官等方方面面的遵循。家风是一种丰富的传统文化遗产，有着浓厚的社会基础，家风立足于社会历史最深处，深深地扎根并且生生

繁衍于家庭或家族之中，再追溯上去，从先秦、秦汉、魏晋南北朝、宋元、明清，历朝历代的帝王将相、历史名人、普通民众都有自己的家风。先秦到秦汉时期，《尚书》《左传》《论语》《史记》等文献中就有很多家风家教家训方面的话语，如《尚书》中说："克勤于邦，克俭于家。"意思是勤俭可以使家国两旺。例如《论语·宪问》中说："修己以安百姓。"魏晋南北朝时期有《诫子书》《颜氏家训》等，例如《颜氏家训·治家》说："俭者，省约为礼之谓也；吝者，穷急不恤之谓也。今有施则奢，俭则吝；如能施而不奢，俭而不吝，可矣。"[①] 隋唐、两宋及元朝有《温公家范》《袁氏世范》等，例如司马光的《温公家范》有汉朝的万石君石奋"孝谨"的记载。明清时期的家风家教家训代表人物及其文献中关于家风的话语就更多了，如朱熹、曾国藩、左宗棠、张之洞等，可以说是不胜枚举。这些优秀的家风穿越浩荡的历史长河，传承千百年，并且逐步融入中华优秀传统文化中，对家庭的稳定、家族的形成、人口的繁衍和社会的稳定起了至关重要的作用，已经成为中华优秀传统文化的重要组成部分。由此可见，家风与传统文化是共生共荣、同气相连的关系，家风的内容折射了传统文化的教育思想和特点。这些家教家训家风形成的文化，是中华传统文化中绚丽夺目的瑰宝，也对我们当代的家风建设有着十分重要的借鉴意义。

二、家风在中华传统文化中体现为敦本务实

习近平总书记在中共十八届中央纪律委员会第六次会议上强调抓作风建设要返璞归真、固本培元，在加强党性修养的同时，弘扬中华优秀传统文化。中华优秀传统文化重视家风、重视家教、重视家庭，深深植根于民间，与家庭的家风很接地气，是一种生活化、平民化的家庭式或者是家族式的教育。家风的传承通过血缘关系以及家庭成员间的互动来实现，包括

---

① 颜之推：《颜氏家训》，中华书局，2007 年。

了价值观念、道德理念、生活感悟、生存体验、思维模式、风俗习惯等多方面的内容。在中华优秀传统文化中，家风具有一种深入人心而且持久的力量，它虽然有时候语言朴实无华，但是能够在家庭生活中影响每一个家庭成员的心灵；虽然家风是较为普通、较为基本、较为直接的教育，但是能够以言传身教的方法让每一个家庭成员刻骨铭心。家风不局限于任何领域，也无高低贵贱之分，它务实管用，有时候可以是先祖留下的一本书，有时候可以是祖上传下的一幅画，有时候可以是父母亲的一句话，有时候也可以是家庭或者家族长辈的日常行为。例如，魏晋时期的陶渊明诫勉后人"及时当勉励，岁月不待人"①，颜之推在《颜氏家训》中告诫子孙后代"上士忘名，中士立名，下士窃名"②。家风是我们每一个人从小都要触及的，所以对家庭或者家族成员的影响具有整体性和全方位性。古代帝王将相、圣人先贤治国理政先从家开始，正所谓"圣人教从家始，家正则天下化之""一屋不扫，何以扫天下"说的就是这个道理，孝悌之子可以为家瑞，无瑕之玉可以为国器。只有修好身、齐好家，才能够有资格去治国、平天下。

三、中华传统文化中包含家庭美德的论述

中国古代教育首要的是道德教育，其次才是知识和技能的学习，古人注重修身、齐家、治国、平天下的价值连接，作为传统经典的"四书"（《大学》《中庸》《论语》《孟子》）及"五经"（《诗》《书》《礼》《易》《春秋》）阐述的就是传统美德，因此，道德建构了中华优秀传统文化的思想内核，构成了我们中华民族的精神特质。家是人生的起点，是个人成长成才的摇篮，是连接个人、社会、国家的纽带。在以道德为精神内核的中华优秀传统文化下产生的家风必然以德为先，而家成为培养家庭成员道德、理顺家庭成员关系的主要场域。亚圣孟子认为，天下与国之本均在

① 刘贵生：《从陶渊明的诗文看其家风家教》，《九江学院学报》2016 年 1 月。
② 颜之推：《颜氏家训》（全译）程小铭，译注，贵州出版集团，2008 年。

家。中华优秀传统文化中的"五伦"（朋友有信、长幼有序、夫妇有别、父子有亲、君臣有义）涉及兄弟、夫妇、父子、朋友、君臣五种社会基本人伦关系，这些基本关系涉及的家庭关系就有三种，其中，朋友以兄弟关系论，君臣以父子关系论，形成了天下一家，海内皆同胞的道德伦理关系格局。中华优秀传统文化中的这种道德伦理性决定了家风在传统文化中起着重要的作用，故而中华传统文化中有很多关于家庭美德与家庭伦理的论述与阐释。中古时期的裴氏家族从东汉末期至唐代活跃于政治舞台近六百年，由于为官清廉，耐得住清贫，虽然历经政治风波，但是仍然长盛不衰。宋朝为官者和士大夫阶层很重视官德教育，南宋著名诗人陆游就是杰出代表，陆游继承和延续了陆氏家族的清廉家风，他为官清廉，被后人称颂，他教育子孙后代"顾于赏罚间，其肯为汝偏。夙夜佐而长，努力忘食眠。醇如新丰酒，清若鹤林泉，棠宜使可爱，蒲正不须鞭。"① 陆游在诗中告诫子孙后代要赏罚分明，不能够被个人主观因素而左右。明朝户部尚书杨一鹏忠贞爱国而舍小家，虽遭奸人陷害致死，但其忠贞爱国、不屈不挠的精神流芳后世，杨一鹏忠于职守、先国后家的精神就在于其家族有一门好家风。"杨氏宗族十训"第二条讲到夫妻关系、父子关系、兄弟关系，即："夫妻和，家业兴；兄弟和，工作顺；父子和，振家声；婆媳和，受人敬。"第六条讲到为官爱民，即："一粥一饭，思来之不易；半官半职，忧百姓在前。"由此可见，在中华传统文化中，家风有着特殊的地位，优良的家风是中华优秀传统文化不断延续的纽带，是国家与社会隐形的动力和支柱，推动家庭成员严以修身，奋力向前，进而夯实社会道德根基。

四、中华传统文化非常重视家庭建设

中华传统文化非常重视家庭建设，天下之本在家，家是最小国，国是千万家，家庭是社会的基本细胞，是人生的第一所学校，父母亲是孩子的

---

① 钱仲联：《剑南诗稿校注》（六），上海古籍出版社，2005年。

第一任老师，家庭也是孩子世界观、人生观和价值观形成的重要场所，家庭教育也是教育的起点，家庭教育对孩子的成长具有持续性、持久性，家庭教育阶段是扣好孩子们第一粒扣子的关键时期，所以无论时代和生活格局发生多大变化，我们都应该重视家庭家教家风，发扬中华传统文化中的家庭美德。中华民族向来奉行"家和万事兴"的道理，家庭和睦，则事业兴旺，不齐其家者难以治其国，家庭和睦，社会才能够和谐，天下才能够太平。

中华传统文化中有"父慈而教""哀哀父母，生我劬劳"等家庭伦理道德的思想，家庭教育中有强调道德伦理至上的文化精神和价值观念，例如《颜氏家训》勉励子孙后代"修身利行，秋实也"；明朝思想家、政治家、教育家及军事家王阳明要求子女"谨守礼法善治家"；曾国藩在家庭教育中，除了重视人文教育外，更加注重品质与品行的教育，他认为："世家子弟最易犯'奢'字'傲'字，不必锦衣玉食而后谓之奢也，但使皮袍呢褂俯拾即是，车马仆从习惯为常，此即日趋于奢矣。"① 他从自身经历与经验出发，认为富贵之家不一定是一个良好的成长与成才环境，所以他从来不给家人留下钱财，这是出于他对富家子弟骄奢淫逸、好逸恶劳的感触。此外，中华传统文化中的家庭建设还有耕读传家、诗书兴家、以德旺家、勤俭持家等家庭治理，如淮安余门的家风族规、张之洞的家风家教、泰山羊氏的家庭教育、朱柏庐的治家格言、左宗棠重视道德教育的家风等都是这类传统家庭建设的模范。正所谓："一家仁，一国兴仁；一家让，一国兴让。"中华传统文化重视家庭建设，是为了把爱家与爱国结合起来，涵养浓厚的家国情怀，把个人价值的实现与国家的前途命运联系起来，凝民心、聚民力，为实现国家富强、民族振兴、人民幸福而奋斗。

---

① 赵立波：《曾国藩倾力打造家风》，《文史月刊》2016 年 6 月。

第三节 中国共产党加强领导
干部家风建设的优良传统

中国共产党历来重视领导干部家风建设，建设清廉清正清白家风是中国共产党的优良传统和独特优势。老一辈无产阶级革命家在革命、建设和改革中形成的优良传统和作风，内涵极其丰富，包含着爱党爱国的家国情怀、勤俭节约的廉洁本色、严守纪律的精神品质。这种优良家风不仅教育和影响着他们各自的后人，更是成为新时代中华儿女攻坚克难、接续奋斗、奋勇前进的精神伟力和磅礴动力。

一、继承发展马克思主义家庭观

习近平总书记在考察朱熹园时说："我们要特别重视挖掘中华五千年文明中的精华，把弘扬优秀传统文化同马克思主义立场观点方法结合起来，坚定不移走中国特色社会主义道路。"中国共产党以马克思主义为指导，在新时代注重培育优良家风，既是对马克思主义家庭观的传承和发展，也是对中国共产党的光荣传统的传承和弘扬。

（一）继承马克思主义家庭观

马克思和恩格斯在创立马克思主义学说的时候，就家庭的起源、本质等问题进行了深入的思考，马克思、恩格斯在很多书信、文章中，对家庭问题进行了阐述。马克思主义比较完备地阐述了家庭的演变，那就是"每日都在重新生产自己生命的人们开始生产另外一些人，即繁殖。这就是夫妻之间的关系，父母和子女之间的关系，也就是家庭。这种家庭起初是唯一的社会关系，后来，当需要的增长产生了新的社会关系而人口的增多又产生了新的需要的时候，这种家庭便成为了从属的关系。"① 这是马克思和恩格斯第一次对家庭本质内涵进行比较深入的探索，明确强调了家庭与社会之间的关系，家庭关系是社会关系的基础，不存在脱离社会关系的家庭。

马克思、恩格斯批判了资产阶级不平等的家庭关系，提倡夫妻平等，认为只有在经济地位和人格尊严上实现了男女平等，夫妻之间才能够实现真正意义上的平等，家庭才能够和睦、社会才能够和谐。马克思和恩格斯还非常关注父母与子女的关系问题，认为父母生育子女、养育子女、教育子女，同时子女应该孝顺父母、赡养父母。子女在成长历程中的言行体现了父母亲的品格和教育，父母亲在年老时被赡养状况深刻反映着子女的道德品行。正是出于这种原因，马克思强调父子（女）之间的代际平等，父母与子女之间在相互平等、相互尊重的前提下实现良性互动，共同发展进步。所以，马克思和恩格斯非常重视家庭的情感功能，认为家庭作为社会经济生产单位，但同时也是人们身体和心灵休息的地方，家庭中的每个成员都需要通过相互关心，以使各项能力得到恢复。马克思曾经在写给父母的信中说："对于我们经历的东西来说，哪里有比父母的心这个最仁慈的法官、这个最体贴的挚友、这个爱的太阳——它以自己的火焰来温暖我们愿望的最隐秘的中心——更为神圣的珍藏之所。"② 另一方面，在现实性上，人是一切社会关系的总和，家庭关系也属于社会关系，同时又是建立其他社会关系的前提，只有家庭成员的关系顺了，且在情感上能够得到慰藉，才能够顺利进入社会，参加各种各样的社会活动。

（二）发展马克思主义家庭观

中国共产党以马克思主义家庭观为指导，传承和弘扬中华优秀传统家风，在革命、建设和改革过程中形成了独具特色的红色家风。尤其是党的

---

① 马克思、恩格斯：《马克思恩格斯选集》（第一卷），人民出版社，2012 年，第 159 页。
② 《马克思家书集》，人民出版社，1985 年，第 46 页。

十八大以来，面对世情国情党情的发展变化，习近平总书记继承马克思主义家庭观，把中华优秀传统家风植根于现实生活中，以社会主义先进文化为导向，着力构建新时代家风。在中国特色社会主义新时代，面对复杂多变的国内外形势，习近平总书记发表了一系列关于家风的重要讲话，提出了一系列关于家风的新的思想观点。如习近平总书记强调要注重家庭家教家风；强调要用社会主义核心价值观引领家风建设；突出强调了妇女在家庭家教中的积极作用；要求各级党委（党组）要重视领导干部家风建构；强调领导干部的家风，不是个人小事、家庭私事，而是领导干部工作作风重要表现等。这些都是贴近实际、贴近生活，符合新时代发展要求的新观点，发展了马克思主义家庭观。具体来说，习近平总书记的家风观点在三方面发展了马克思主义的家庭观：一是习近平总书记的家风思想具有鲜明的中国特色，其家风思想重视传承和弘扬中华优秀传统家风，而且文字通俗易懂、言简意赅、说理明析、内涵深刻，便于人们理解记忆和践行；二是习近平总书记的家风思想突出强调了领导干部家风问题，认为领导干部家风在社会上具有榜样和表率作用，建设好领导干部家风不仅会极大地改善社会风气，而且会净化党内政治生态；三是深刻把脉了我国发展的阶段性特征，马克思主义认为生产力和发展阶段不同，家庭的特征和表现方式就不同。习近平总书记在历次讲话中立足我国的发展实际，深刻阐述了我国的家风问题，没有落后和超越我国的发展阶段，是新时代对马克思主义家庭观的重大发展。

二、革命战争年代形成的红色家风

老一辈无产阶级革命家在革命、建设和改革实践中，以马克思主义家庭观为指导，植根于中华优秀传统文化，形成了清廉清正、爱党爱国、勤俭持家、艰苦朴素、甘于奉献的优良传统和文化风格。红色家风是中国共产党的优良传统和独特优势，是中国共产党人价值观念、行为理念、生活作风、精神风貌等在家庭层面的集中体现，具有传承性、政治性、革命性和先进性，是中国共产党人生产和生活斗争实践的升华和经验总结，需要我们一代又一代继承和弘扬。

（一）革命理想高于天

中国共产党自 1921 年成立以来就是一个有着坚定理想信念和崇高革命理想的马克思主义政党。一百年来，一代又一代的中国共产党人高举理想信念的旗帜，不怕流血牺牲、不畏艰难险阻，勇往直前，团结和带领全国各族人民取得了新民主主义革命、社会主义革命和建设、改革开放和社会主义现代化建设的伟大胜利，使近代以来久经磨难的中华民族迎来了从站起来、富起来到强起来的伟大飞跃，迎来了实现中华民族伟大复兴的光明前景。

理想信念是共产党人精神上的"钙"，这个理想信念就是马克思主义信仰、共产主义远大理想、中国特色社会主义共同理想。一代又一代的中国共产党人为了追求民族独立和人民解放，舍小家为大家，不怕流血牺牲，靠的就是一种信仰，为的就是一个理想。老一辈无产阶级革命家作为共产主义事业的先驱，以马克思主义为指导，以实现民族独立和人民解放为己任，贯彻全心全意为人民服务的宗旨，把国事和家事紧紧地联系在一起。老一辈无产阶级革命家信念坚定，以身作则，潜移默化地影响着家人，子孙后代也秉承了红色家风，忠于党、忠于人民，为共产主义事业接续奋斗。

革命先烈夏明翰于 1921 年在毛泽东和何叔衡的介绍下，加入了中国共产党，从此没有对共产主义的理想信念动摇过。他在对敌斗争中刚毅朴素，专门挑危险和费力的工作去做，得到同志们的赞誉。后来夏明翰搞革命活动时不幸被捕，于 1928 年 3 月 20 日被押赴汉口刑场，行刑前，刽子手问他有无遗言。在刑场上，面对着黑洞洞的枪口，面临着即将到来的死亡，夏明翰留下了短暂人生中最后二十个字："砍头不要紧，只要主义真。杀了夏明翰，还有后来人。"夏明翰在生命的最后时刻大义凛然，不怕牺牲，信念信仰坚定，体现出了一个共产党人的情怀。不忘初心，方得始终。在中国共产党百年的奋斗历程中，党和人民的伟大事业正是由数以万计共产党人一往无前的奋斗姿态和永不懈怠的精神状态铸就成的。他们无私无畏的精神不仅教育了其家人，而且还激励着广大民众勇往直前。①

（二）勤俭持家育家风

勤俭持家是中华民族的传统美德，是中国传统家风的重要组成部分，历来被人们大力推崇。老一辈无产阶级革命家秉承这一优良传统，不管是在革命战争年代，还是在社会主义革命与建设时期，都在以身作则，努力践行，形成了勤俭持家的好家风，在这方面，陈云同志是我们学习的楷模。中华人民共和国成立后，陈云同志虽然身居高位，但是依旧保持着勤俭的作风，吃则粗茶淡饭，出则轻车简行。陈云平时吃的都是家常饭，而且非常简单，午饭一般是两菜一汤。每餐都吃得干干净净，不剩下一点饭菜。老一辈无产阶级革命家勤俭持家的优良作风对党风政风民风产生了深远影响，中华人民共和国成立初期，中国共产党厉行节约、勤俭建国的思想和老一辈无产阶级革命家的勤俭思想和作风关系极大，它指导新中国在极端困难的条件下夺取了社会主义革命和建设的胜利，营造了清白清廉的党风，形成了勤俭节约的社会风气。

（三）坚决不搞特殊化

领导干部搞特殊化，就是在用权力为自己服务，这既违背党的性质和宗旨，又容易脱离人民群众。领导干部搞特殊化，就会享受群众享受不了的条件，会导致人民群众不满意，人民群众就会对领导干部产生意见，严重了就会产生对立情绪；领导干部搞特殊化，会伤害人民群众的感情，损害人民群众的利益，影响党的威信。不搞特殊化，是领导干部的重要底线，这个底线必须长期坚持，这样干群关系才能够和谐，领导干部和人民群众才能够齐心协力搞建设。在这方面，老一辈无产阶级革命家给我们树立了榜样，如朱德、彭德怀、董必武等，他们不忘初心、牢记使命，清清

_____

① 杨成：《追寻主义真的革命英烈夏明翰》，《小康》2022 年 2 月 11 日。

白白做人，干干净净做事，坚持不为特权开"绿灯"，坚持不搞特殊化的原则，充分彰显了中国共产党人的党性本色和初心使命。

三、中共十一届三中全会之后的家风建设

党的十一届三中全会之后，我国拉开了改革开放的大幕，引进了国外先进的技术、管理经验、资金等，推动了我国经济社会进一步的发展。但是，国外的一些拜金主义、享乐主义及个人主义等不健康的思想也随之传了进来，部分领导干部开始腐化堕落，凭借手中的权力为家人谋取利益。因此，领导干部的家风问题被提上重要日程，领导干部的家风也被纳入党规党纪之中，用以规范领导干部的权力。这些党规党纪的颁布对于遏制腐败起到了比较明显的作用，也为党的十八大之后全面从严管党治党积累了宝贵的经验。

（一）严禁凭借权力谋取利益

严禁家人和身边人通过领导干部的权力谋取不正当利益，是在党的十一届三中全会之后中国共产党遏制腐败、加强党的建设的重要举措。在中共十一届三中全会召开快一周年的时候，即 1979 年 11 月 13 日，中共中央、国务院就印发了《关于高级干部生活待遇的若干规定》，提出了高级干部及其家人在参加有关部门组织的集体文娱活动时，必须同普通群众一样要照章购票。虽然规范和约束的事情不大，但是意义重大，体现了领导干部及其家人不能够搞特殊化。1980 年 2 月，党的十一届五中全会制定了《关于党内政治生活的若干准则》，明确要求领导干部要加强对子女的教育，坚决克服为自己和亲属谋求不正当利益的倾向，禁止利用职权为家人和身边人在学业、就业等方面谋求特殊照顾。1997 年 3 月，中共中央印发了《中国共产党党员领导干部廉洁从政若干准则（试行）》，其中就明确规定了禁止利用职务和工作上的便利为家属亲友及身边工作人员谋取利益的各项细则，并且提出了相应的处罚条款。2007 年 5 月，中共中央又下发了《中共中央纪委关于严格禁止利用职务上的便利谋取不正当利益的若干

规定》，其中第六条就明确规定了严格禁止领导干部利用其职务上的便利为特定关系人，即亲属、情妇（夫）等有亲密关系及利益关系的人安排工作吃空饷。2009 年颁布的《中华人民共和国刑法修正案（七）》把"利用影响力受贿罪"，即与国家工作人员关系密切的亲属等人利用国家工作人员职权和职务上的便利谋取不正当利益，纳入腐败行为定罪当中，这就使领导干部利用职务和职权为亲朋好友谋求利益的行为有了刑法方面的刚性规范和约束。

（二）禁止领导干部家人经商

随着改革开放的深入和市场经济的发展，我国经济社会得到了又好又快发展，经济实力、科技水平、综合国力均得到了很大的提高，生产力得到了很大的发展。但是市场经济的重利性，容易诱发唯利是图的拜金主义思想，部分人为了钱，敢于违背道德原则、践踏法律法规，甚至在某些场合，人与人之间的关系会被异化为赤裸裸的金钱关系。在"一切向钱看"思想的支配下，各种社会丑恶现象沉渣泛起，很多人在物质利益的驱动下走上了违法犯罪的道路。市场经济的等价交换原则也存在着"泛化"的问题，在政治生活领域也会产生一系列消极的影响，一些手中掌握权力的人，将权力作为商品，为了满足自己的物质欲望，以牺牲政治原则为代价，进行权钱交易、权色交易、权物交易，既触犯了党纪国法，也败坏了党风政风，带坏了社风民风。一些领导干部的家人利用公权力进行不正当的经济交易，所以为了约束领导干部家人下海经商，中共中央作了明确的规定。1985 年 5 月，中共中央下发了《关于禁止领导干部的子女、配偶经商的决定》，明确规定了领导干部的子女不得利用国家公职人员的影响力，在市场营利性活动中获取不正当利益，领导干部要以身作则，教育配偶子女遵纪守法，不得凭借家庭关系运用权力资源进行经济上的违法活动。1989 年 7 月，中共中央政治局又通过了《中共中央、国务院关于近期做几件群众关心的事的决定》，该《决定》明确禁止高级领导干部子女经商。2000 年 5 月 9 日，中共中央纪委又颁布了《关于"不准在领导干部管辖的业务范围内个人从事可能与公共利益发生冲突的经商办企业活动"的解释》和《省（部）级领导干部配偶、子女个人经商办企业或在外商独资企业、中外合资企业任职情况登记表》，对领导干部家人的经商、办企业、劳务等经营活动进行了规范。随着社会主义市场经济的发展，官员腐败问题也是易发多发频发，反腐败斗争严峻复杂。中共中央于 2003 年 12 月印发的《中国共产党纪律处分条例》，规定了领导干部利用职权或者职务上的影响为他人谋取利益，本人的配偶、子女及其配偶等亲属和其他特定关系人收受对方财物，视情节严重程度而给予警告或严重警告等相应处分。2010 年 1 月，中共中央印发了《中国共产党党员领导干部廉洁从政若干准则》，对领导干部家人的经商活动作了严格的规定。这些党规党纪对领导干部家人的营利性经营活动规范和约束起到了积极的作用。

（三）要求领导干部申报财产

领导干部申报财产可以避免其道德和行为的失范问题，有利于社会及民众对领导干部的外部监督。领导干部财产申报在我国已经有了 20 多年的探索，官员财产公示制度在 1987 年首次提出，1988 年开始尝试建立财产申报制度，并且起草了《国家行政工作人员报告财产和收入的规定草案》；1995 年 4 月，中共中央又印发了《关于党政机关县（处）级以上领导干部收入申报的规定》；2001 年 6 月，中共中央纪委和中央组织部共同发布了《关于省部级现职领导干部报告家庭财产的规定（试行）》，将财产申报主体向高级领导干部延伸；2010 年 7 月，中共中央又颁布了《关于领导干部报告个人有关事项的规定》，明确规定了领导干部要报告家人的收入、房产等。这些党规党纪适应了不同时期对领导干部财产申报的不同要求，对解决不同时期领导干部家风问题发挥了一定的作用，为后来制定和完善领导干部财产申报方面的法律法规提供了经验。

四、中共十八大以来对家风建设的重视、举措和成效

党的十八大以来，中国共产党继承和弘扬中华优秀传统文化，继承和

发扬党的优良传统，非常重视领导干部家风建设，将领导干部家风建设作为作风建设的重要内容，作为加强党的建设的重要举措。习近平总书记围绕家庭家教家风问题也发表了一系列讲话，为全面从严管党治党形势下加强领导干部家风建设提供了重要遵循。

（一）高度重视领导干部家风建设

党的十八大以来，中国共产党以强烈的历史责任感和深沉的忧患意识，大力推进反腐败斗争和党风廉政建设，查处了一大批大案要案，形成了强大震慑效应。剖析这些大案要案，领导干部"全家腐"现象比较普遍，习近平总书记深刻认识到领导干部家风与党风政风关系极大，应高度重视领导干部家风建设。党的十八大以来，习近平总书记高度关注领导干部家风建设，围绕领导干部家风建设进行了一系列重要讲话，对领导干部家风建设的内涵、意义和举措进行了深入的阐述，成为中国特色社会主义新时代全面从严管党治党的重要遵循。

1. 领导干部家风是全面从严治党的应有之义

党的十八大以来，反腐败斗争已经取得了巨大的成就，一大批腐败分子纷纷落马，但是反腐败斗争的形势依旧严峻复杂。从党的十八大以来查处的案件来看，领导干部自身腐败和家人贪腐交织。领导干部贪腐的原因非常复杂，但是领导干部管家不严、立家不正是其主要原因。家风败坏成为领导干部贪腐的重要因素，家风败坏往往是领导干部走向违法违纪的重要原因，很多领导干部不仅在前台大搞权钱交易，而且还纵容子女、亲属经商谋利，大发不义之财。领导干部作为"关键少数"，其家风不仅关系到自身荣辱、家庭兴衰，而且还关系到一个地区、一个领域、一个单位的党风政风社风民风。习近平总书记曾经强调："我们要坚持从党性原则出发，从维护中央政治局形象出发，对亲属子女严格教育、严格管理、严格监督，引导他们力戒特权思想和享乐思想，不行不义之举，不谋不义之财。对他们身上的错误言行，要不回避、不护短，及时提醒，坚决纠正，帮助他们明辨是非，自觉抵制不良风气的侵蚀。"① 习近平总书记不仅要求中央政治局的领导干部在家风方面起榜样和示范作用，而且总书记也以身作则，讲党性、作表率，谨小慎微，防微杜渐，严格要求子女亲属和身边工作人员。

2. 领导干部家风关系到党风和政风

领导干部是维护社会和谐稳定的重要力量，在经济建设、政治建设、社会建设及为人民服务中承担着重要的责任。习近平总书记在 2016 年 12 月 9 日十八届中央政治局第三十七次集体学习时明确指出："领导干部要努力成为全社会的道德楷模，带头践行社会主义核心价值观，讲党性、重品行、作表率，带头注重家庭、家教、家风，保持共产党人的高尚品格和廉洁操守，以实际行动带动全社会崇德向善、尊法守法。"家风好则党风良，家风好则政风清，领导干部的优良家风具有很好的示范作用，不仅可以有效地遏制腐败，而且还可以对全社会起到示范作用。领导干部要重视家风建设，继承和弘扬中华优秀传统文化，继承和弘扬老一辈无产阶级革命家的红色家风，做家风建设的楷模，将修身、齐家落到实处。领导干部的家风也是领导干部作风的具体体现，人民群众会通过领导干部的家风来评价和认识领导干部的作风情况，领导干部及其家人的思想境界、一言一行都会影响周边的民众，群众看领导干部，往往看领导干部亲属和身边工作人员，往往会从这里判断领导干部是否廉洁奉公，从而看党风廉政建设的成效。习近平总书记还着重指出："中央政治局同志的家庭，国内外关注度很高，甚至有人专门收集这方面情报，时不时来一点'爆料'。"② 所以，领导干部的家风，不是个人小事、家庭私事，而是领导干部工作作风的重要表现，领导干部及其家人道德状况、廉洁情况，国内外关注度高，

① 中央文献研究室：《习近平总书记重要讲话文章选编》，中央文献出版社，2016年，第 355 页。
② 中央文献研究室：《习近平总书记重要讲话文章选编》，中央文献出版社，2016年，第 354 页。

领导干部只有做到清正廉洁、公道正派，才能够起到示范作用，从而引领社会风气向善向上发展。

3. 关于家风建设的重要性论述

习近平总书记在 2015 年春节团拜会讲话中指出："家庭是社会的基本细胞，是人生的第一所学校。不论时代发生多大变化，不论生活格局发生多大变化，我们都要重视家庭建设，注重家庭、注重家教、注重家风，紧密结合培育和弘扬社会主义核心价值观，发扬光大中华民族传统家庭美德，促进家庭和睦，促进亲人相亲相爱，促进下一代健康成长，促进老年人老有所养，使千千万万个家庭成为国家发展、民族进步、社会和谐的重要基点。"在长达五千年的中华文明中，中华民族形成了注重家庭家教家风的道德理念，这是因为家庭是我们每一个人的温馨驿站和温馨港湾，我们每个人的成长和生活都离不开家庭，社会的构成也以家庭为基本单位，从而形成了中华民族以"家"为本位独特的经济、政治和文化结合体，家给每个人提供物质保障和精神给养，并且构建起个体的存在感、安全感和归属感。因此，无论时代怎么变化，家庭的功能都无法被替代，家人最初的性格特质、道德品质、行为习惯、精神风貌等均来自于家庭，是在父母及长辈的教育与呵护下形成的，每一个人的成长都离不开家庭、离不开家教、离不开家风。习近平总书记对国家的责任感和使命感也是在幼年时期逐渐形成的，尤其父亲习仲勋对他的影响很大。党的十八大以来，习近平总书记大力提倡勤俭节约，反对铺张浪费，这与其家风家教息息相关。

积善之家必有余庆，积不善之家必有余殃。习近平总书记除了对家风建设的重要性作了论述，还特别对领导干部家风建设的重要性作了论述。领导干部家风好，于国于民于家都好；反之，领导干部家风不好，会祸国殃家，会危害政治生态且败坏社会风气，严重影响党在人民群众中的形象，动摇党的执政根基。为此，习近平总书记曾经强调："我们共产党人决不能搞封建社会那种'封妻荫子'、'一人得道、鸡犬升天'的腐败之道！否则，群众是要戳脊梁骨的！"① 杨善洲、孔繁森、谷文昌、焦裕禄能够让老百姓交口称赞，是因为他们家风清正清白，从不搞特殊化。

党的十八大以来，习近平总书记围绕家风建设发表了一系列的重要讲话，意蕴高远、内涵深刻，对于团结和动员社会各界搞好家庭文明建设，努力使千万个家庭成为国家发展、民族振兴、社会进步的重要基点，凝聚起全面建设社会主义现代化国家的磅礴力量，具有十分重要的意义。

(二) 强化领导干部家风建设的制度举措

制度具有根本性、长期性和稳定性，全面从严治党必须从制度方面着手。党的十八大以来，中国共产党也在积极地从领导干部家风方面去解决腐败问题、加强党的建设，不断加强对领导干部及其家人的制度性干预，将领导干部的家事上升为国事。

1. 党规党纪中增加了领导干部家风建设的内容

党的十八大以来，全面从严治党的丰富实践，为党内法规制度创新奠定了坚实基础。党总结了反腐败斗争的实践经验，研究探索，坚持依规治党和以德治党相结合，坚持高标准和守底线相结合，将从严治党实践成果转化为道德规范和纪律要求，在党规党纪中增加了领导干部家风建设方面的内容。中共中央于 2015 年修订的《中国共产党廉洁自律准则》要求领导干部廉洁齐家，自觉带头树立良好家风，这是中国共产党第一次通过党内法规的形式把领导干部家风作为廉洁自律的规范内容。中国共产党第十八届中央委员会第六次全体会议通过的《中国共产党党内监督条例》，其中第十四条明确规定了中央政治局委员应当严格执行中央八项规定，自觉参加双重组织生活，如实向党中央报告重要事项。带头树立良好家风，加强对亲属和身边工作人员的教育和约束，严格要求配偶、子女及其配偶不得违规经商办企业，不得违规任职、兼职取酬。这一规定充分体现了中央领导同志从党性原则出发，从维护中央政治局的形象出发，带头对亲属子

---

① 《十八大以来重要文献选编》（上册），中央文献出版社，2014 年，第 138 页。

女严格教育、严格管理、严格监督，引导亲属子女力戒特权思想和享乐思想，不行不义之举、不谋不义之财。2018年新修订的《中国共产党纪律处分条例》第一百三十六条明确规定了党员领导干部不重视家风建设，对配偶、子女及其配偶失管失教，造成不良影响或者严重后果的，给予警告或者严重警告处分；情节严重的，给予撤销党内职务处分。这是中国共产党第一次以党内法规的形式对领导干部家风建设方面作出的纪律要求，为新时代党员领导干部在家风方面划出了不可逾越的红线。

2. 对领导干部家风失范的处分更加严格

党的十八大以来，各级纪检监察部门查处了一系列领导干部违法违纪案件，这些违法违纪案件的一个显著特点是领导干部家风失范问题比较严重，尤其是一些涉及领导干部的贪腐案件，很多牵涉到领导干部的亲属子女，"全家腐"甚至"家族腐"的特征比较明显，领导干部以权谋私、公权私用问题比较突出。中共中央为了进一步规范和约束领导干部家风方面的失范行为，于2018年新修订了《中国共产党纪律处分条例》，从第八十五条到八十九条对领导干部利用权力为亲属子女谋取私利的行为进行了说明，并且规定了相应的处罚方式。《中国共产党纪律处分条例》第九十五条更是规定了领导干部利用职权或者职务上的影响，为配偶、子女及其配偶等亲属和其他特定关系人在审批监管、资源开发、金融信贷、大宗采购、土地使用权出让、房地产开发、工程招投标以及公共财政支出等方面谋取利益，视情节严重程度而给予相应的处分。因为领导干部家人参与土地出让、资源开发等领域会造成大量的国有资产流失，给国家造成的损失更大。2016年10月，党的十八届六中全会审议通过的《关于新形势下党内政治生活的若干准则》（以下简称《准则》），就新形势下加强和规范党内政治生活作出全面部署，为严肃党内政治生活、净化党内政治生态提供了基本遵循。该《准则》明确指出，领导干部特别是高级干部必须注重家庭、家教、家风，教育和管理好亲属和身边工作人员。还明确禁止领导干部利用职权或影响力为家属亲友谋求特殊照顾，禁止领导干部家属亲友插手领导干部职权范围内的工作、插手人事安排。这些党规党纪强化了党员领导干部对家风重要性的认识，也强化了对领导干部及其家人行为的规范和约束。

3. 把家庭伦理美德作为选拔领导干部的标准

中国共产党选拔任用领导干部坚持"德才兼备、以德为先"的原则，这是中国共产党对领导干部选拔任用工作历史经验的科学总结，是新时代选人用人也必须坚持的标准，对于建设高素质领导干部队伍意义重大。坚持"德才兼备、以德为先"的原则，就是要将那些道德品质好、道德品行高、作风优良、公道正派的好干部选拔出来，以达到"建设一支忠实贯彻新时代中国特色社会主义思想、符合新时期好干部标准、忠诚干净担当、数量充足、充满活力的高素质专业化年轻干部队伍"[①] 的目标。在实际生活中，衡量领导干部的"德"要从道德品行和政治品质等方面来评价，看是否忠于党、国家和人民，是否树立了正确的世界观、人生观和价值观等。党的十八以来，针对领导干部家风暴露出来的新问题，领导干部选拔任用也有了新的举措。为了完善选人用人工作，坚持正确的选人用人导向，匡正选人用人风气，严把选人用人的政治关、能力关、作风关、品行关等。中共中央于 2019 年 3 月印发了《党政领导干部选拔任用工作条例》，第二章就明确规定了领导干部必须信念坚定、为民服务、勤政务实、敢于担当、清正廉洁。在选拔领导干部的考察方面，《党政领导干部选拔任用工作条例》第二十七条规定了"加强对工作时间之外表现的考察，注重了解社会公德、职业道德、家庭美德、个人品德等方面的情况。"这是在全面从严治党背景下，从家庭美德方面严把领导干部"入口关"。

（三）中共十八大以来家风建设的成效

党的十八大以来，各地区、各部门、各单位在深入贯彻落实习近平总书记关于家庭家教家风的重要讲话精神，广泛参与新时代家风建设，表彰

---

① 习近平：《切实贯彻落实新时代党的组织路线　全党努力把党建设得更加坚强有力》，《人民日报》2018 年 7 月 5 日。

"五好家庭"、寻找最美家庭、展示家庭人物、分享家风建设经验等，推动了新时代家风建设高质量发展。

1. 领导干部带头树立良好家风

领导干部的家风必须具有先进性，即要求领导干部家庭成员的思想道德修养要比普通家庭更高，要求领导干部家庭成员的思想道德意识要比普通家庭更强，正人先正己，正己才能够正人。群众看领导，党员看干部。领导带头、层层示范，是搞好家风建设的重要举措，在家风建设中，如果能聚焦领导干部这个"关键少数"，将会以优良党风促政风带民风。党的十八大之后，全党开展以为民务实清廉为主要内容的党的群众路线教育实践活动，紧接着又开展了"三严三实"专题教育，习近平总书记在各种场合的讲话中多次阐述强调了家风及领导干部家风建设的问题，各地区、各部门深入开展了家风及领导干部家风的建设工作。中共内蒙古自治区委员会党校、中共黑龙江省委党校等将领导干部家风建设方面的课程纳入干部教育培训中，"学习强国"学习平台也有很多最美家风故事、红色家风故事等，一些地区还创建"家家幸福安康工程"，中央宣传部、全国妇联还向全社会公布"最美家庭"事迹（有夫妻返乡创业助力乡村振兴，有祖孙三代以实际行动践行雷锋精神，还有廉洁修身、廉洁齐家、对党忠诚等家风故事），一些部门和单位还开展"最美贤内助""党员好家风"的评选活动，从而促使领导干部以身作则，重视家庭家教家风，以实际行动诠释了爱国爱家、相亲相爱、向上向善、共建共享的社会主义家庭文明新风尚，对广大民众起到了示范作用，如中纪委官网推出的"郑义门"：孝义传家九百年；汉阴沈氏：勤俭承家风，清廉为镜鉴；诸葛村：百世传颂《诫子书》等。兰溪市纪委在大力推进廉政文化建设的进程中，挖掘诸葛村的廉政文化资源，建设诸葛村廉政教育基地，发挥其廉政勤政教育作用，这是一项很有意义的工作，利用好诸葛村丰富的廉政文化资源，加强对领导干部的修德律己教育，教育领导干部不断加强党性和道德修养，常修为政之德、常思贪欲之害、常怀律己之心，正确对待名利和权力，做到慎权慎独、自警自励、艰苦奋斗、廉洁奉公。包头市委组织部对机关党员干部开展政治家访，陕西省榆林吴堡妇联开展廉洁文化进家庭活动，2014年春节中央电视台推出"新春走基层：家风是什么"系列报道，2016年9月开展的第一届全国家庭文明评选活动等，不仅传承和弘扬了中华优秀传统文化，还加深了党员干部、人民群众对家风重要性的认识，这些以家风促党风活动的开展也取得了积极的效果。

2. 家风警示廉政教育效果明显

领导干部不仅要继承和弘扬中华优秀传统的家风文化、继承和弘扬老一辈无产阶级的红色家风，还应该学习一些家风方面的反面典型，这样从正反两方面感知家风、领悟家风、接受家风及建设家风。党的十八以来，在全面从严治党工作中，警示教育成为对领导干部教育和培训的重要方式。一些地区、部门和单位组织领导干部收看警示教育纪录片、组织领导干部学习警示教育教材、组织领导干部参观监狱、组织领导干部参观警示教育专题展览、通报领导干部家风败坏典型案件等都是警示教育比较重要的方式。党的十八之后，由中共中央纪律检查委员会制作的反腐败纪录片《作风建设永远在路上》《巡视利剑》等播出，苏荣、何勇等全家涉腐官员现身说法。这些反腐败专题片中的落马官员以忏悔的方式出现在荧幕上，一个个活生生的腐败案例都是鲜活的教材、长鸣的警钟，以涉案金额大、涉案家庭或者家族人数多、造成的危害巨大而震撼了人们的心灵，同时也促使领导干部重视家风建设。对领导干部进行警示教育能够起到警钟长鸣的效果，让领导干部引以为戒，经常对照自省，以严以修身、严于律己的态度加强党性锻炼，带头树立清廉的家风，以好家风涵养好作风，真正做到对组织负责、对家人负责、对自己负责。湖北省纪委机关组织对口联系社区干部参观洪山监狱警示教育基地、云南省昆明监狱组织参观云南省反腐倡廉警示教育基地等，均推进警示教育往深里走、往心里走、往实里走。

3. 关于家风方面的研究成果丰硕

党的十八大以来，由于中国共产党重视家风建设，学术界对家风建设的研究也极为重视，研究成果颇为丰硕。在中国知网上输入"家风"二字便可以找到上万条相关文章，其中从 1963 年到 1995 年关于家风方面的研究性成果不超过 9 条，从 1996 年到 2011 年关于家风方面的研究性成果也不超过 100 条，最多的时候即 2010 年也只有 96 条，但从 2012 年到 2022 年家风方面的研究性成果数量逐年攀升，其中 2018 年的研究成果最为丰硕，共有 1500 条。这些研究成果有的见诸于报纸，有的见诸于期刊，研究主题包括家风建设、社会主义核心价值观、家风家训、好家风等，研究学科涵盖思想政治教育、中国共产党、伦理学、高等教育、人物传记等，研究层次包括应用研究、基础研究、开发研究等。在中国知网上输入"领导干部家风"六个字，会搜到 1200 条相关文章，关于领导干部家风的研究性成果始于 1997 年，从 1997 年到 2011 年关于领导干部家风方面的研究性成果也只有 9 条，而从 2012 年党的十八大一直到 2022 年，关于领导干部家风方面的研究性成果数量直线上升，其中 2017 年最多，为 209 条，这些研究性成果主题包括党员干部、社会主义核心价值观、全面从严治党、当代价值、党风廉政建设等。这些家风及领导干部家风方面的研究性成果为新时代家风建设与领导干部家风建设提供了重要遵循。

4. 家风带动社会风气明显好转

党的十八大以来，党中央大力推进领导干部家风建设，各级领导干部思想上重视家风建设、行动上践行清正家风，从而为社会树立了标杆。领导干部从严管家治家，管好家人和身边人，以上率下，从而极大地影响了社会各界，这种表率作用使社会各界民众提升道德品质、文明素质、文化修养，从而促进社会风气整体向好。

如四川省广安市岳池县挖掘廉洁文化，涵养清风正气。岳池县纪委监委围绕顾县镇杨氏家风中的孝廉"因子"，制作了家风教育专题片《杨氏家风世代传》，组织该县党员领导干部观看，以杨氏宗祠入选"四川十大孝廉文化地标"为契机，把孝廉文化教育作为传承好家风的重要举措，不断扩大家风建设在社会上的影响力与辐射面。① 桂林纪委监委实行廉政生态从家庭倡廉做起，重视寓家风建设于各类监督之中，以监督治理效能来激发家风建设的教育治本功能。桂林市纪委监委联合市妇联、市直机关工委等部门，在领导干部家庭中开展"学党史故事 树清廉家风"等活动。桂林市各县区纪委监委重点关注领导干部及其家人、亲人、身边人，聚焦发现苗头性、倾向性问题，通过运用"四种形态"，经常性地教育提醒、促使广大领导干部带头抓好家风建设，发挥模范带头作用，让优良家风深入家庭、贴近群众、涵养民众，从而在全社会营造文明健康的氛围。② 内蒙古乌兰察布市四子王旗的草原母亲都贵玛，没有做出惊天动地的大事，但是在平凡的奉献中感动了无数人。都贵玛从小父母双亡，靠着自己的努力成为当地有名的妇产科大夫；都贵玛终身未育，现在却儿孙满堂；都贵玛丈夫英年早逝，仍然用坚韧为孩子们撑起一片蓝天。数十年来，都贵玛用大爱真情绘制了绚丽的人生，抚养了 28 个南方孤儿。都贵玛荣获"中国十大杰出母亲""全国三八红旗手""全国民族团结进步先进个人"、全国道德模范提名奖、自治区道德模范等荣誉。还以她为原型创作了电视剧《静静的艾敏河》和电影《草原额吉都贵玛》。内蒙古自治区各级妇联近年来大力宣传草原母亲都贵玛，组织妇女干部拜访都贵玛，聆听她讲述抚养孩子的经历和艰辛，组织广大妇女观看以她为原型的电影和电视剧。各级各类报纸杂志也对她的事迹进行宣传报道，不仅讴歌了母亲的伟大，而且还烘托出了民族团结的社会氛围。③

---

① 梁宁波：《挖掘廉洁文化 涵养清风正气》，《广安日报》2022 年 4 月 20 日，第 5 版。
② 《桂林纪委监委：廉政生态从家庭倡廉做起》，《广西日报》2021 年 12 月 17 日，第 6 版。
③ 《民族和睦 守望相助》，《乌兰察布日报》2019 年 10 月 18 日。

第三章 当前领导干部家风建设的重要性与紧迫性

　　领导干部的家风不仅关系到个人小家，还关系到党风、政风、社风、民风。领导干部家风淳正，则家兴业旺；领导干部家风不正，则家败业衰。中国共产党是中国特色社会主义事业的领导核心，广大领导干部的党风状况如何，直接关系到中国特色社会主义事业能否稳步推进，关系到中国梦能否实现。每一个人都是生长于一定的家庭，深受家风的涵养与熏陶，成为领导干部之后还生活在一定的家庭中，家风连着党风，领导干部建设清白清正清廉家风是管党治党的需要，也是家庭建设的需要。所以，面对世情、国情与党情的变化，建设好领导干部家风既重要又迫切。

第一节 领导干部家风建设的重要性

　　领导干部都来自于一定的家庭，并且在担任领导职务的前后均生活在一定的家庭之中，尤其是在其成长和成人阶段，家庭环境、家庭氛围对其影响至关重要，家风的好坏关系到个人成长成才、家庭文化传承、社会和谐稳定、国家繁荣富强。

一、注重领导干部家风建设，有助于弘扬中华优秀传统文化

　　中华优秀传统文化历史悠久，源远流长，是中华民族文明、风俗及其

精神的总称，千百年来，其多姿多彩的文化元素影响、涵育和滋养着中华各族儿女，历经长时间的传承与积淀，已经深深地融入中华民族的血脉之中，形成了中华民族的文化基因。家庭或者家族是人的行为习惯、性格特质、精神基质、道德情操的塑造场，是人生的第一课堂。中华民族自古就重视家风建设，在家庭或者家族治理中形成的家风是中华优秀传统文化的重要组成部分。在中华民族发展的历史长河中，好家风促进了个人的成长、家庭的进步、社会的和谐，重视家风建设是一个家庭常盛不衰的秘诀，也是个人成功的基石，历史上有很多家风优良而家族兴旺发达的典型，如《朱柏庐治家格言》《颜氏家训》《袁氏世范》《了凡四训》都以文字的形式来明家规、严家教、树家风，并且通过潜移默化、言传身教等方式将家风世代相传，使家族开枝散叶，日益兴旺。但是，如今由于受到各种因素的影响，家风传承出现了问题，某些家庭中发生了兄弟反目、子女虐待老人及家庭暴力等现象，这是一个引人深思、发人深省的问题。2021年 11 月 28 日，黑龙江省佳木斯市某单位的一名女公务员殴打亲生母亲的视频在网上疯传，引发了全国网友的愤怒。这名女公务员不讲孝道，已经突破了做人的底线，并且其暴躁泼辣的性格不适合再做服务他人的工作。在新的历史条件下，家风更需要人们细细地品味、深刻地领会，重拾家风对民众的教化功能，既是对家庭或者家族的成员教育和引导，也是对中华优秀传统文化的继承和弘扬。领导干部在家庭之内是一份子，在家庭之外是党员干部，这种双重角色使得领导干部的家风在社会中关注度高，榜样和示范作用突出，领导干部要带头树立好家风，继承和弘扬中华优秀传统文化，守道德、讲道德、尊道德，追求崇高的道德理想，要使中华民族最基本的文化基因与当代文化相适应，与具有当代价值的文化精神相结合，激活其内在的强大生命力，为中华民族提供精神指引。

二、注重领导干部家风建设，有助于提高家庭成员的免疫力

家风是党风廉政建设的后花园，也是党风的晴雨表和试金石。在领导

干部成长时期，优良的家风能够为其成长提供良好的家庭环境，这种环境未必是物质生活的富足，但必须是家庭和睦、人际和谐。人们在成长阶段受到何种家庭氛围的影响，对其今后的价值观念、道德品质等有着极其重要的影响。家风具有传承性的特征，领导干部成人之后也会有自己的家庭，其德才兼备、德高望重、明德惟馨会涵养出优良的家风，而良好的家风又会养成清白清廉的作风。对于领导干部来说，家庭是党风廉政的重要防线，如果家风优良，雨润万物，家人向上向善；如果家风不好，污秽皆来，则败家误国。领导干部的家庭也是领导干部的温馨港湾，由于领导干部特殊的地位，很容易将小家与大家、家事与国事联系起来，也很容易引发腐败。所以，治好家庭、管好家人的同时，也要管理好他人、处理好政务。领导干部也和普通人一样，对其家庭成员有感情、亲情和温情，但是要爱之有度、爱之有道，要厘清小家与大家的关系，分清家事和国事的界线，家庭利益应该服从国家利益、集体利益及人民利益，绝对不能够为了家庭成员的私利而置党纪国法于不顾，损害国家利益、集体利益和人民利益。对家庭成员的一些不正当要求应该坚决抵制。抗日英雄杨靖宇的儿媳妇方绣云的家风清白清正，方绣云曾经教育孩子们，绝对不能够凭借抗日英雄后代的身份向组织提要求，捞取好处。方绣云明确告诉子女们，要低调做人，爷爷是爷爷，你们是你们。方绣云只求过政府三次，一次是在两个儿子参军的时候，有人污蔑她的一个儿子有腿疾，为了儿子当兵的事情，她找过政府相关部门；一次是丈夫马从云的抚恤金被人占用，她向政府部门反映过情况；一次是女儿下乡缺少被子，她找过街道办事处。① 彭德怀没有孩子，他对侄儿侄女非常疼爱，但是对他们要求严格，侄女生孩子在即，却不敢动用叔叔彭德怀的公车，侄儿结婚想用彭德怀的小轿车都被拒绝。黄克诚大将一直严格遵循着两条家规：一是不准动用公家的汽车

---

① 郭红敏：《抗日英雄杨靖宇儿媳的清白家风》，《党史纵览》2017 年 5 月 15 日。

办私事；二是不准向公家伸手要照顾。① 黄克诚子女认识到干事创业要靠自己的努力和能力，而不能够依靠父亲的权力，黄克诚的子女没有一个经商的，因为他们深深懂得，经商会不可避免地涉及权力，还会被不法分子利用，黄克诚的 4 个子女凭借自己的本事个个事业有成。② 纵观近年来一些出问题的领导干部，几乎都有"家庭腐"或者"家族腐"的特征。所以，领导干部及其家庭成员只有守好做人做事底线，明确公私界线，严管与厚爱相结合，才能够抵制形形色色的诱惑。

三、注重领导干部家风建设，有助于砥砺领导干部道德品质

《论语》中所说："为政以德，譬如北辰，居其所而众星共之。"为人必须要讲人品，为官必须要讲官德，这是规范人与人之间关系和社会文化秩序的要求，也是领导干部必须遵循的道德操守。中国共产党历来在选人和用人问题上都坚持德才兼备、以德为先，那是因为人无德不立。习近平总书记在中共十三届全国人大一次会议上、在参加重庆代表团审议时的讲话时强调了领导干部要讲政德。政德是整个社会道德建设的风向标。立政德，就要明大德、守公德、严私德。习近平总书记非常重视用中华优秀传统文化培育人，特别强调领导干部在思想道德建设中的表率作用，在参加重庆代表团参加审议时的讲话内涵深刻、意味深长，为领导干部为政以德指出了明确的方向。明大德就是要坚定理想信念，加强党性锻炼，忠诚、干净、担当，在大是大非、大风大浪、各种诱惑面前临危不惧、立场坚定；要讲政治纪律和政治规矩，增强"四个意识"，坚定"四个自信"、做到"两个维护"，始终做到对党忠诚，听党话，跟党走。守公德就是要强化全心全意为人民服务的宗旨意识，立党为公、执政为民，赓续共产党人的精神基因，更加自觉地践行人民群众对美好生活的奋斗目标。严私德就

---

① 王德蓉：《彭德怀家风：任何时候都要清正廉洁诚实》，《中国纪检监察》2016 年 12 月 17 日。

② 王子君：《黄克诚的廉洁家风》，《新湘评论》2019 年 5 月 16 日。

是严于律己，严以修身，自重、自醒、自警，严格约束自己的言行举止，兢兢业业，克己奉公，不贪不占，真正做到权为民所用、利为名所谋，防止祸起萧墙。领导干部的私德很重要，其形成不是一蹴而就的，每个人一出生就开始接受家风的熏陶，开始砥砺自己的品行，随着年龄的增长、知识的增加、认识能力的增强，视野也越来越开阔，接受品质培育也越来越主动，在优良家风的涵养下，道德品行越来越高，为成为领导干部之后明大德、守公德打下坚实的基础，所以领导干部的私德跨度大、时间长、作用强，领导干部又是党和国家事业发展的中坚力量，其道德品质如何，关系到中国特色社会主义事业的成败。改革开放之后，拜金主义、利己主义、个人主义、享乐主义等一些不健康的思想对领导干部也产生了消极影响，部分领导干部经不住诱惑，为了个人私欲与家人私利而违纪违法。一个个贪腐案件警示人们，领导干部道德败坏，不能够严私德，也守不住公德，更不能明大德，即使身居高位也只能感受铁窗寒。因此，领导干部必须提高自己的道德品质和道德情操，形成良好的思想作风、生活作风及工作作风，不拘泥于小家，胸怀天下，以天下为己任。

四、注重领导干部家风建设，有助于引导社会风气不断改善

榜样的示范性作用，源于美国心理学家班杜拉的社会观察学习理论，他认为人的很多行为均是观察他人的行为而模仿到的。就榜样的示范性来说，地位、身份、职位、知名度较低的人往往示范性作用较弱，而那些社会地位高、知名度大、影响力强的人起到的示范作用更强，其行为更能够引起人们群起而效仿。例如一些党员干部、英雄人物、模范典型、歌星影星等在社会中关注度就高，示范性作用就比较明显。领导干部作为社会地位较高的这一群体，本人及其家庭成员的思想状况和行为状况，会影响社会风气的好坏。领导干部家风好，不仅惠及家庭成员，也有利于领导干部本人，能够推动社会风气的根本好转。领导干部家风具有榜样和示范作用，领导干部及其家庭成员也是社会成员，人民群众经常看到、听到的是

领导干部个人生活、家庭生活，领导干部及其家庭成员的所思、所想、所做、所为，目标性强，影响广泛。法国启蒙思想家卢梭曾经说过："家庭生活的乐趣是抵抗坏风气的毒害的最好良剂。"① 包括领导干部在内的任何人，只有传承和树立优良的家风，才能够凭借内心信念、行为习惯、道德品质等抵御社会的不良风气。家庭不仅承载着生育的责任，还承担着教育的责任，好家风能够将家庭成员从小培育成为一个品行高洁的人。美国人古德认为，家庭是一项社会发明，其任务是将生物人转化为社会文明人。湖北省十堰市女大学毕业生朱某某在晨跑中被杀害，谋害朱某某的凶徒也已经被抓获。痛定思痛，案犯与被害人成长轨迹也被人们挖掘出来，被害人父母离异，虽然说有父母亲，但是对女儿的关爱和照顾很少，残缺的家庭、窘迫的经济条件，让其从小就困难重重，好在朱某某还比较争气，考上了大学，令人悲痛和惋惜的是，朱某某大学毕业没有多长时间便遇害了。而杀害朱某某的凶手张某是一个颇为典型的"光棍+恶棍"，张某初中时学习成绩还比较好，但是有偷窃自己家东西的毛病，其父亲经常对其拳打脚踢，张某负气出走，流入社会，成了一个有父母亲的"孤儿"，后因为犯罪入狱，再回归社会已经 36 岁了，出狱之后的张某性格依旧暴躁孤僻。最后张某劫财劫色，杀害了朱某某。凶犯与被害人均没有完整的家庭，缺乏家庭关爱，其命运以悲剧的方式让他们产生了交集，这起惨案向世人警示：缺乏呵护与关爱的孩子或者被害，或者去伤害他人，不良家风的危害及后果具有社会性。处在一个和睦相处、温馨友爱的家庭环境里，在优良家风的滋养下，家庭成员在潜移默化中会得到价值认同，保持高尚的道德情操。习仲勋吃完菜之后，还掰块馒头把菜汁蘸着吃了，正是这些细微的事情，影响了子女，习近平总书记在党的十八大之后经常强调要杜绝奢侈浪费，与其家风有很大的关系。领导干部身兼家庭角色、社会角色及政治角色，在家庭成员面前要注意细节、小节、枝节，言行举止要讲党

① 卢梭：《爱弥儿》，商务印书馆，1978 年。

性、重品行、作表率，除了传承和涵养自己的好家风之外，还要将社会主义核心价值观在家庭中落实落小落细，让领导干部家庭释放出强大的正能量，努力推动社会风气的不断改善。

五、注重领导干部家风建设，有助于全面净化党内政治生态

心理学上有一种行为被称作"越轨的集群行为"，即在从众的心理和法不责众心理的驱使下，一些人会随波逐流。单个的个体在实施某种行为，如果知道会违背公序良俗、违反法律法规，一般是不会做的，但是如果一个群体都去实施某种行为并且没有受到相应的处罚，久而久之，人们就会形成行为习惯而丧失个体性，"中国式过马路""行人闯红灯"等就属于此类现象。党的十八大之后，中国共产党坚持党要管党，全面从严治党，高压反腐、铁腕治腐、制度防腐，一些腐败分子纷纷落马，窝案、串案易发多发，折射出官场政治生态比较恶劣，制度如牛栏关猫，潜规则蔚然成风，官员的从众跟风心理比较明显。从这些窝案、串案等群体性腐败的例子看，党员领导干部在"天塌大家死"的心态作用下，个性逐渐被消磨，有意无意地腐化堕落。

政治生态是一个地方或一个部门民风、党风、社风及政风的集中体现，关系到为官从政的好坏，关系到方针政策的贯彻执行。政治生态恶劣，党的路线方针政策的贯彻执行就会大打折扣，怪象、乱象就会频出；政治生态良好，阿谀奉承、曲意逢迎的现象就少了，"潜规则"就没有了市场，政治活动能够健康有序地进行。这里强调领导干部的家风对政治生态有着重要的影响，是基于对领导干部家风重要性和特殊性的认识。领导干部腐败很大程度上酝酿于家庭之中，暴露在屋檐之下，绝大多数领导干部的贪污腐化均与家庭家风败坏息息相关。一些领导干部受个人主义、拜金主义、享乐主义、功利主义等的影响，价值观念失守、言行举止失范，从而导致党纪国法失灵，不能够心存敬畏，把为官当成做生意。领导干部的这种思想和行为不可避免地会被带入家庭而影响家人，将家庭利益凌驾

于国家利益和集体利益之上，变相地搞一些亲情化的利益输送，既破坏了党内政治生态，又破坏了社会公平正义，还损害了党和国家的形象。习近平总书记曾经多次阐述过政治生态的重要性，"政治生态好，人心就顺、正气就足；政治生态不好，就会人心涣散、弊病丛生。"[①] 中国共产党重视全面净化政治生态，既是对当下为官从政环境的一种冷静思考，也是实现政治清明、政府清廉的需要。家风败坏，不仅毁了领导干部的家庭，而且其传导与示范效应影响巨大，对经济、政治、社会及文化的危害极大。政治生态同自然生态一样，一旦受到污染，修复和恢复的成本和代价太大，所以，要全面净化党内政治生态，就必须抓住领导干部这个"关键少数"，从严管好各级领导干部，如今领导干部家风建设也成为中国特色社会主义新时代的必修课，成为管党治党的新抓手。

第二节 领导干部家风建设的紧迫性

改革开放的推进，市场经济的发展，工业化、城镇化的快速发展导致人口要素流动频繁、居住地域和场域变迁，传统家风的传承也面临着一系列的问题。当前，人性、家庭、社会出现的一些问题都或多或少地与家风的现代流变有着很大的关系，所以加强家风建设尤其是领导干部家风建设显得既重要又迫切。

一、家风传承意识淡化，需要加强家风建设

出生于乡土社会的中老年群体，不管身在何处，他们都乡愁浓烈、乡情浓厚、族情未忘，而在城市里长大的年轻人，既缺少乡村生活的经历，也不愿意了解尘封的家族往事，年轻一代对家庭家教家风的情况知之甚

---

① 中共中央文献研究室：《习近平总书记重要讲话文章选编》，中央文献出版社，2016 年，第 367 页。

少，但是这不能够用数典忘祖来责怪年轻人，环境使然。家风具有社会性和时代性，任何家庭、家族都是时代发展洪流中的尘埃，每个人的内心都是时代变迁的投影。改革开放四十多年，人们亲历了中国历史上最广泛而深刻的社会变迁，城市化和工业化的发展让整个社会的重心由乡村转移到城市，市场经济的发展使农村人口要素急剧外流，大量农村人口流入城市、迁居远方，留下的是一个个空心化的农村，农村破败、村落凋敝、人口结构失衡。传统的家庭或者家族赖以维系的农业社会土崩瓦解，"三世同堂""四世同堂"的家庭结构消失，忠孝体系不再，散居各地的同门族人形同陌路，年轻人更喜欢将同事、朋友、同学和近邻作为重要的社会关系。久而久之，人们的生活方式、思维方式、认知状况、价值观念、行为习惯等开始千差万别，都在追求城市里发达的交通、漂亮的房子、诱人的美食、优良的教育等，但是千百年来拥有的东西正在消失，家庭或者家族中的友爱、互助、勤俭、信任、道义等曾经让人们引以为自豪的家风越来越远，人们开始变得工于心计、势利冷漠、唯我独尊，就是所谓的人心不古，家风日下、社风日下、民风日下。单从物质财富的角度来看，我们的物质生活水平有了极大的提高，吃饭、穿衣、住房、行路都不再是困扰人们的难题，但是，这些是否就意味着幸福感很强？社会焦虑症、老人摔倒竟然无人敢扶、离婚率居高不下、子女不尽孝道等现象比比皆是，这些均与中华优秀传统文化相背道而驰，又与中国特色社会主义新时代的发展要求不相适应。在这个关键的时间节点上，重视家庭家教家风建设，不仅仅是为了完成中华优秀传统文化和家族文化的上承下续，更深层次的原因是重新找回家风中的文化基因，学习和借鉴中华民族祖祖辈辈在生产和生活中总结和升华的经验，让人们在修身、齐家、治国、平天下的人生历程中少走弯路、不走邪路，更不会迷路，在遇到困难、经历挫折而"山重水复疑无路"的时候，只要从容、淡定、坚守就会出现"柳暗花明又一村"的转折，让家庭或者家族成员在走错路的时候能够及时迷途知返，让经历社会变革、经受生活磨砺、内心浮躁彷徨的人们能够从家风中找回属于自己的定位，找回能够安身立命的坦然心境。家风具有时代性，学习、借鉴和传承中华好家风时，既要笃定执着、坚守不变，又要因势革新、主动求变，以适应时代的发展。

二、家风传承方式落后，需要加强家风建设

全球化、现代化、工业化及信息化的不断发展，对传统社会的冲击日益加剧。而我国正处于全面深化改革与社会转型的关键时期，尤其是各种社会思潮和各类文化价值的影响，使传统家风在传承过程中出现了实用化和世俗化的倾向。一个家庭或者家族的家风所体现出来的价值观念要得到家庭或者家族全体成员的认可和践行，而家风的认同和践行的过程也就是家风传承的过程。但是，现在人们获取信息的途径越来越多，通过报纸、杂志、刊物、电视、网络等获取的信息量也越来越多，特别是现代化的信息技术使信息传播及时、快捷、便利而且无国界，这些海量的信息良莠不齐，但是其涵盖的文化、观念和思想对人们的影响广泛而深远，这种影响可以说是无时不有、无处不在，这就使得传统家风的传承困难重重。传统家风传承文字性的经验总结、价值理念和道德要求等，如家训、家戒、家箴、家书、家谱、对联、楹联等逐渐被家庭或家族成员漠视、遗忘和抛弃，家风传承不能够与时俱进，被以现代信息技术为载体的各类信息挤压了传承空间，导致传统家风的勤俭节约、和顺齐家、孝悌为本等优秀内容在家庭或者家族成员中得不到很好的继承；传统家风的传承需依靠长辈的言传身教，然而传统的大家庭或家族这些大型的"家"的架构逐渐消失，长辈对晚辈的教育和引导被阻断，优良家风资源流失，而现在的小家庭结构，家庭中的孩子数量少，很多父母亲偏重子女的智育而忽视德育，偏重子女的生理而忽视孩子的心理，直接导致孩子在成人之后出现了各种各样的社会问题，这就需要加强家风建设，帮助孩子构建精神家园。

三、家风传承内容偏差，需要加强家风建设

工业化、城镇化及信息化使得家风传承的内容发生了变化。城镇化的不断发展、改革开放以来愈演愈烈的民工潮、人员的流动使得传统的家风内容受到了极大的影响。这些因素对农村影响巨大，青壮年纷纷进入城市务工，农村中剩下的留守老人居多，留守老人精神缺乏慰籍，传统的孝道很难再继续传承下去。我国的养老制度虽然在日益完善，但是在农村地区，由于受经济条件和观念因素的影响，居家养老和养儿防老仍然是重要的养老模式。通过子女的关怀和照顾，老人不仅仅能够获得物质上的满足，还能够得到精神上的关怀，这种亲情关爱是任何养老机构都无法替代的。但是改革开放之后，大量青壮劳动力纷纷外出谋生，只是在逢年过节的时候回家看看，节后便又离开了家，家似乎成了农民工的"客栈"。农民工在城市工资较高，收入也比较稳定，可以为老人们提供更多的物质赡养，这只是孝道的一个方面。传统文化里真正的孝道具有物质和精神双重特性，子女不仅仅要向老人提供吃穿住用行等方面的物质生活资料，还应该包括平时的嘘寒问暖、床前的体贴照顾、日常的精神陪伴等，还有大病救急、应急、临终关怀等，从而让老人物质上有所养、精神上有所依。子曰："今之孝者，是谓能养，至于犬马，皆能有养；不敬，何别乎？"[1] 这句话表达的意思就是在养的问题上，人和动物都能够做到，而人高于动物主要在于精神层面能够做到"敬"，所以传统文化中的孝道既有物质层面的，也有精神层面的；既有生理方面的，又有心理方面的。但是现如今，农村中的老人留守成为常态，传统的孝道不在，留守老人生病无人照顾，有些老人去世后竟然无人知道。笔者在相关调研中了解到，内蒙古乌兰察布市察哈尔右翼前旗乌拉哈乡下沙梁村的一位老人长期和小孙子生活在一起，子女均在外务工，一次老人因为疑似突发心肌梗塞死在大门口，整整

---

[1] 杨逢彬：《〈论语〉"至于犬马皆能有养"解》，《长江学术》2012 年 4 月 15 日。

一上午都没有人发现，其 12 岁的小孙子中午回去才发现并告诉村人。这件事情听了让人痛心、忧心、闹心，农村中的留守老人老有所依之路在何方？传统文化中的孝道如何在农村中继续进行传承？其实无论在农村还是在城市，在孝道传承难以为继的情况下导致不孝的事情接二连三地出现，2020 年 5 月陕西省一男子活埋母亲的事件、2021 年 11 月 26 日黑龙江省一女公务员殴打母亲的事件等都严重背离了传统孝道的价值精神，这两个事件比较典型，至于平常的啃老、虐老的事情更是比比皆是。百善孝为先，孝道在中华优秀传统家风中的地位至关重要，孝道的传承都出现这样的问题，更不用说别的家风了，所以加强家风建设非常迫切，家风传承内容的偏差需要及时纠正。

四、家风传承主体缺位，需要加强家风建设

青少年时期是人的思想、品质和性格养成的关键时期，用习近平总书记的话说，就是青少年时期是人生的拔节孕穗期，好的家风能够促进青少年茁壮成长。所以在这一时期，父母亲对子女的言传身教很重要，也是必须。但是随着改革开放和市场经济的发展，在广大农村地区，青壮年外出打工，剩下的尽是一些老弱病残等弱势群体，尤其是留守儿童跟随爷爷奶奶或者姥姥姥爷一起生活，导致家风传承的主体缺位、亲子教育的缺失，从而弱化了家风建设的效果；在城市特别是一些大城市，由于父母亲工作忙、压力大，只得将孩子交给老人看护养育，也有的父母亲很早就把孩子送到幼儿园、托儿所、小饭桌、寄宿制学校等，这种情况或者使孩子过早地与父母亲分离，或者在一起的时间较短，从而导致家风传承的主体出现缺位的问题，同时也降低了家风建设的实效性。这种家风传承主体与家风培育对象所居的场域发生分离，容易造成孩子在心理、生理方面出现各种问题，例如孩子抗压能力差、容易受侵害、叛逆心理严重、与父母亲存在隔阂、情感无寄托、性格缺陷等，这些问题均与家风传承和建设的主体缺位有直接关系。据中国日报网 2018 年 6 月发布的消息，从 2015 年 1 月开

始到 2018 年 5 月，四川省共审结侵犯儿童的案件 1624 件，依法处罚 1851 人，尤其侵害儿童人身权利的案件 1478 件，侵害儿童财产权利的案件 146 件，受害人中留守儿童占比较大，其中最恶劣的案件是男子强奸留守儿童致其怀孕引产而获刑 13 年，此类案件中的留守儿童跟随祖父母、外祖父母或者其他亲戚居住，其父母疏于监管，给犯罪分子提供了可乘之机。其实，父母亲对子女不仅仅有生养的责任，还要有教育的义务，孩子出生后，父母还需要对孩子进行长期的教育和引导，将其塑造成德才兼备的人才，中华优秀传统文化以通俗易懂的语言解读这一点的如《诗经·小雅·蓼莪》云："父兮生我，母兮鞠我。抚我畜我，长我育我，顾我复我，出入腹我。"家庭教育、家风传承、家风建设需要家庭或者家族成员多方参与，协同配合，形成系统的合力才能够起到良好的教育效果，现如今，家风传承主体缺位而出现的一系列问题，需要人们加强家风建设。

随着时代的变迁，家风传承出现了一系列影响因素，人们慨叹家风这一联系国家命运、家族荣辱与个人沉浮的中华优秀传统文化正在淡出我们的视野，我们身边的文化也随之消亡。殊不知，从传统家具木窗上的雕花剪纸，到烧火做饭的风箱笼屉，到连枷石磨等生产工具，到传统节日的一些讲究、礼节与规矩，到正月里跑旱船及老人们唱的那些小调，对于这些文化元素，中年人已经渐忘，年轻人已经遗忘。在传统家风中，人们的内心是有归依的，价值是有尺度的，这一点与现代化城市是有所区别的。在工业化、城市化、信息化高度发达的今天，人们在享受经济发展和技术进步带来的成果的同时，也深深地感受到了"家风日下"和深重的"道德滑坡"，家庭中，夫妻反目、孝道不在、家庭暴力、婚外情恋、家庭腐败等，由家庭危机延伸到社会，也出现了很多相悖于伦理道德的事情，这些失范失德的事情归根到底与家风有关。人们要直面社会转型期出现的家庭伦理问题、社会道德问题、政治生态问题，就迫切需要进行中国特色社会主义新时代的道德重构，加强家风建设，固本培元，激活传统家风中的优良基因，使家风在新时代焕发出新的活力，牢固确立道德规范、树立道德标杆，坚定文化自信，领导干部这个"关键少数"要发挥模范带头作用，学习、传承、弘扬中华优秀家风中凝结的人文精神、哲学思想、价值观念、文化风尚等，知荣辱、明善恶、懂礼义，坚持党性原则，廉洁自律，加强思想作风和工作作风，在人民群众心目中树立良好的形象和口碑，做为政以德、修身齐家、廉洁用权的模范。

第四章　领导干部家风存在的问题和原因

　　从党的十八大以来查处的一些领导干部贪腐案件可以看出，官员的腐化堕落普遍与其家风不正、家教不严关系重大，家庭或者家族成员之间相互推动、相互勾结，利用领导干部手中掌握的权力共同谋取不正当利益。习近平总书记在中国共产党第十八届中央纪律检查委员会第六次全体会议上的讲话中明确指出："不少领导干部不仅在前台大搞权钱交易，还纵容家属在幕后收钱敛财，子女等也利用父母影响经商谋利、大发不义之财。"这就说明了领导干部家风不正，已经成为导致领导干部腐败的重要根源。

第一节　领导干部家风存在的问题

　　家风是领导干部作风的一面镜子，家风不正导致党风不纯，而且从近几年领导干部贪腐案件可以发现，这些案件大部分都带有"全家腐""家族式腐败"的特征，家风不正是导致领导干部走向贪腐之路的重要因素。从领导干部家风中出现的种种情况，笔者梳理出领导干部家风存在的一些问题。

一、领导干部思想观念错位导致的家风问题

　　有些领导干部难以抵制拜金主义和享乐主义等不健康思想的影响，有

些领导干部贪图享乐、思想放松、不思进取、浑浑噩噩，久而久之就会责任心缺失、信仰迷失、信念丢失、信心丧失，思想就处于"亚健康"状态，理想信念就出现了动摇。理想信念是共产党人精神上的"钙"，理想信念不坚定，会致使领导干部的思想观念发生一系列的变化，在对待家风问题上会出现偏离。

（一）义利观错位，导致全家涉腐

义利观是一种经济伦理思想。义者，"事之所宜也"；利者，"人之用曰利"，人们常指物质利益。传统的儒家文化认为义的道德原则是至高无上的，至圣孔子就曾经说过："君子喻于义，小人喻于利。"（《论语·里仁》）；亚圣孟子也曾经说过："不义之利不苟得。"（《孟子·告子上》）。在中华优秀传统文化中，正确的义利观是古代劳动人民所奉行的做人经商的终极追求。在当今社会，义利观常常用于衡量商业活动中义和利孰轻孰重的问题。正确的义利观即义在利前，重义轻利，为群众和社会创造价值，自己少索取而多奉献；错误的义利观即利字当头，金钱至上，为了利益而不讲诚信，不遵道德甚至践踏法律等。中国共产党以全心全意为人民服务为宗旨，权为民所用、利为民所谋、情为民所系，没有自己的特殊利益。反观中共十八大之后落马的官员，无论"苍蝇"还是"老虎"，很多人都是背离了党的性质和宗旨，抛弃了党的优良传统和作风，家风败坏，义利观扭曲，见利忘义。这样错误的义利观，导致领导干部把家庭利益、个人利益凌驾于国家利益、集体利益与群众利益之上，就容易出现公权私用的现象，党、国家、社会、人民群众的利益就会受到侵犯和损害。很多领导干部其实在担任领导职务之前，也有自己的理想和梦想，能够勤俭持家，也能够正确对待家庭、看待家人、解决家事，但是在走上领导干部岗位之后，社会地位提升、生活质量改善、人际交往及工作环境都有所改变等，一些领导干部的意志就会在酒局中消磨、信念在掌声中迷乱、口碑在阿谀中降低、声誉在舆论中下降、品质在围猎中败坏，从而就会心态失衡、底线失守、行为失范，最终可能会抛弃勤俭持家的家风、摒弃励精图治的作风。部分领导干部贪赃枉法、徇私枉法，大搞权钱交易、权色交易、权物交易等，让人民群众深恶痛绝，败坏了党风，也带坏了家风，其家庭成员也变得为所欲为、骄奢淫逸，为党纪国法所不容，最后落了个家败身败的下场。江西省委原书记苏某利用手中的权力为其家人和亲属在工程建设、土地出让、干部选拔等方面提供便利且疯狂敛财。对于领导干部来说，一旦公私不分，就可能会触碰到高压线，损公肥私，最终腐化堕落。

（二）教育观错位，导致疏于管家

中国传统家风认为教育不仅仅是学习知识和习练技能，特别是要给人塑造一个健全的人格，树立正确的道德观念，构建一个向上向善的精神家园。人无德不立、国无德不兴。所以，中华传统家风文化尤为注重对人的道德品质的培育，古人重视道德的培育就如衣服之于身体，饮食之于口腹，不可一日无也。朱熹就曾经说过："有德者，年虽下于我，我必尊之。不肖者，年虽高于我，我必远之。"① 家庭教育涉及多方面的内容，但是品德教育至关重要，也就是怎么做人的教育。香港富豪李嘉诚就认为对孩子进行教育时，99%应该教孩子做人的道理，即使是孩子成人后，也应该是三分之二教孩子如何做人，三分之一才是教孩子如何做生意。李嘉诚尽管家财万贯，但是依旧克勤克俭，在孩子的用钱方面管得很紧。在现实生活中，有的人事业上风生水起，成就斐然，在亲朋好友面前是成功人士，但是在对子女的教育上却很失败，坑爹者有之、追星家破人亡者有之、因琐事就取同学性命者有之、宅家无所事事者有之、杀人越货危害社会者有之，这种缺少道德教化而出现的触目惊心的事件、啼笑皆非的事情、扼腕叹息的事故警示人们家庭教育的重要性。领导干部不仅自己要严以修身、严于律己，廉洁用权，还必须治理好家庭、管理好家人。很多领导干部对家庭的管理还是比较严格的，但是也有一些领导干部由于忙于公务而对家

---

① 王泽应：《中华家风的核心塑造、培育与树立正确的价值观》，《上海师范大学学报》（哲学社会科学版）2015年7月。

人疏于管教，对家人的所思所想所作所为知之甚少，以至于很多领导干部的家人以领导干部的名义干一些违背道德、违反法律的事情，获取一些不正当的利益，占公家的便宜。还有一些领导干部对家人的行为心知肚明，却置若罔闻，故意纵容家人违规经商、违规办企业等，等到东窗事发，才感觉到悔不当初。还有一些领导干部在面对党纪国法的约束、反腐败的高压态势、各方舆论的监督，赤裸裸的腐败风险太大，也容易招人耳目，故采取"曲线腐败"的策略，让家人当"二传手"，将家庭亲情关系变成了共谋腐败的利益关系，这种"全家腐"的结果是"全家覆"。湖南省国土资源厅原副巡视员及其儿子贪腐齐上阵，共同受贿1800多万元，最后父子双双入狱。一些领导干部步入贪腐之路，很大程度上是因为其家风不正、管家不严，最终贻害家庭。

（三）道德观错位，导致身败家毁

家风也是一种道德准则，领导干部家风则体现着领导干部的私德。不管是领导干部还是普通群众，每一个人的沉沦沉溺与变质蜕化都是从不健康的生活情趣、不检点的生活作风开始的，不重小节而失大节。若一个人在生活小节上出现了不良习气，那么他就会出现道德滑坡的现象。"君子之德风，小人之德草，草上之风，必偃。"① 某些领导干部道德败坏、生活腐化糜烂、理想信念淡薄，放松了自己，放纵了家人，造成了比较恶劣的影响。很多腐败分子，不仅丧失了家人的尊重和信赖，也破坏了别人的家庭。还有些领导干部搞团团伙伙，哥们义气比较严重，结党营私、拉帮结派，搞人身依附，最终是拔出萝卜带出泥，一人出事牵出一帮。昆明市政协原党组成员罗某某就是这样的典型代表，罗某某身为领导干部，理想信念丧失，价值观错位，目无法纪，在党内搞团团伙伙，培植个人势力。领导干部是人民的公仆，人民群众不仅要求其有干事创业的能力，还要求其有服务人民群众的热情，更要求其有良好的道德品质。领导干部道德失

---

① 朱熹：《四书章句集注》，中华书局，2011年，第130页。

范，危害大、影响坏，会败坏党的形象，还会给家人带来不良的影响，从而使家风受到污染。

二、领导干部家风问题的表现形式

领导干部思想观念错位，导致家风问题频频出现，其个人情感和社会理想相矛盾、相抵触，导致家风不正、党风不纯。领导干部重家庭却轻家教、重智育却轻德育、重生理却轻心理，对其家庭利益考虑得多而对公共利益考虑得少，人情关系超越了党纪国法，其家风问题对政治生态的影响极其恶劣，腐败手段和形式非常隐蔽，而且危害也很大。

（一）家庭式甚至家族式腐败问题突出

习近平总书记曾经就领导干部家庭或者家族式的腐败问题指出，不少领导干部不仅在前台大搞权钱交易，还纵容家属在幕后收钱敛财，有的将自己从政多年积累的"人脉"和"面子"，用在为子女非法牟利上，其危害不可低估。习近平总书记对领导干部家庭或者家族式腐败的剖析可谓是一针见血。党员领导干部和普通民众最明显的不同，是领导干部手中掌握着权力、肩上扛着责任，尤其在拥有权力之后就有了不同的影响力。家庭又是温馨的避风港，对每一个人来说有着亲和感、归属感、信任感、舒适感，领导干部回归家庭之后，和普通人没有区别，对家人的要求和期盼和普通人又有着一致性，如果缺乏清正清白清廉家风的熏陶，那么底线可能会在家人面前失守，红线可能在亲情面前触动，"全家腐"问题就可能会发生。家庭或者家族式腐败可以说是领导干部家风中最严重的问题，这种腐败形式是以领导干部为核心，以亲情为基础，以血缘为纽带，家庭或者家族成员之间相互包庇、相互勾结、相互协作，订立攻守同盟，把权力作为谋取一家之私的工具，追求家庭或者家族利益的最大化。这种家庭或者家族式的腐败造成家庭或者家族成员共同犯罪，有的是夫妻开店弄权又弄钱，有的是贪腐父子齐上阵，有的是全家腐贪腐一家亲，有的家族敛财总动员。很多落马官员的背后，都体现出了家庭或者家族腐败的特征。这些家庭或者家族成员利用领导干部的权力或者作为领导干部的中间人谋取不义之财，从而聚敛了巨额财富。更有甚者，家庭或者家族里面的上上下下、老老少少、男男女女均牵涉到了腐败。总之，腐败领导干部在前台扮红脸，其家庭成员在后台扮白脸、敛黑钱，这样不仅便于领导干部伪装，还可以"财源广进"。家庭或者家族腐败是领导干部家庭存在的问题，也是腐败发展到一定程度的表现。领导干部义利观、教育观、道德观错位，导致领导干部把物质利益和经济利益放在第一位，损公肥私，追求权力寻租，寻求权力变现，将为官当作经商，丧失理想信念，耐不住寂寞且守不住清贫，贪欲丛生、贪腐频出，这种错位的价值观念和行为方式在家庭和家族成员之间恶性传播，相互影响，导致家庭生态劣化、政治生态恶化，使党和国家经济上受损，政治上蒙辱。

（二）规章制度如牛栏关猫，形同虚设

人们常说，没有规矩不成方圆。党和国家要正常运转，一定要有规章制度。规章制度本来是约束人、规范人的，要求人们依法办事、依法行政，将权力关进制度的笼子里，达到办事情规范化、程序化、制度化，避免由于超越法律法规而给个人、集体、社会及国家造成危害。领导干部家风不正，其家庭成员就不按规则办事情，肆意践踏党纪国法，在领导干部的家人面前，制度就如牛栏关猫而形同虚设，这就会导致党内的制度弱化，潜规则就会盛行。在这里，从一些学者引用的资料可以作一下分析，"2015 年 2 月到 2015 年 12 月底，中共中央纪委披露的 34 份省部级以上领导干部纪律处分通报，共有 21 人违纪，且涉及亲属、家属，比例竟然高达62%。"[①] 这些违法违纪的案件中，大部分是领导干部凭借权力为家人攫取不正当利益。从这里我们可以剖析出，家庭或者家族的影响可能是领导干部被迫驱动力的来源。如果家庭或者家族成员利欲熏心，特权思想又比较严重，就会以篡改、变通等潜规则去变相合法的程序，弱化制度的公正

---

① 李明：《传承优良家风民风记住美丽乡愁》，《四川省社会主义学院学报》2017 年 2月。

性、公平性及权威性。这种潜规则表面上看起来合情合理合法，实际上却于情于理于法背道而驰，成为腐蚀党员干部的毒瘤。如果对其听之任之，党员领导干部及其家人就会群起而仿效，甚至变本加厉，引发极度恶劣的政治生态，党风政风社风都会变坏。可以说，领导干部一旦突破党纪国法的红线，就会走向反面，以权谋私，规章制度的刚性约束就会变得无奈无力。领导干部家风不正，家人可以凭借其权力、运用潜规则大摇大摆地穿越牛栏，长此以往，显规则举步维艰，而潜规则大行其道，办事情"托关系""找人脉""黑箱操作"等丑恶现象越来越多，营商环境就会变坏，党内的政治运行环境也会变坏。中国传统文化中还有一些"不患寡而患不均的"思想，领导干部及其家人凭借权力获取不正当利益，在短时间内成为暴发户，可以暂时瞒过纪检监察部门的眼睛，可以暂时逃避法律的打击，但是却瞒不过人民群众的眼睛。领导干部及其家庭成员破坏规则还有一个恶劣的后果，那就是引发仇官、仇富的社会心理，引发社会一系列的问题。

（三）家风不正，导致圈子文化严重泛滥

人以群分、物以类聚。人是社会人，具有社会属性，那么就可能会有自己的朋友圈、工作圈、同学圈、战友圈、亲属圈、老乡圈等，没有人可以脱离群众、脱离社会、脱离圈子。一个个各具特色的圈子纵横交错，各自独立又相互影响。领导干部如果家风不正、爱家无度而又管家不严，过分溺爱和信任自己的家人，这样的家风必会影响党风。领导干部在做事的时候，优先考虑圈子里面的人，例如领导干部在用人问题上就可能会出现用人唯亲的现象，而不是五湖四海、用人唯贤。在培养和任用干部上，领导干部可能会优先考虑自己的亲戚、朋友、同学、学生、同乡等关系户和身边人。这样的圈子形成之后，圈子内的人对领导干部可谓是言听计从，会无条件地服从，甚至是一味地讨好，领导干部本人及其家人谋取不正当利益的时候，圈子内的人可能就会为其一路绿灯。这样的小圈子就如同一个独立王国，圈子外的人即使再有才有德有能力，却不受重用，甚至被排斥，被"逆淘汰"，劣币驱逐良币的现象就会越来越多，政治生态受到污染。从政治角度考虑，圈子文化是不正当的利益输送和不正常的人身依附关系结合体。中国共产党历来反对各种形式的"小圈子"，延安整风时期就反对宗派主义以整顿党风。党的十八大之后，习近平总书记对党内存在的团团伙伙、拉帮结派、山头主义现象也进行了严厉告诫："党内决不能搞封建依附那一套，决不能搞小山头、小圈子、小团伙那一套，决不能搞门客、门宦、门附那一套，搞这种东西迟早有一天会出事。"① 领导干部手中掌握着权力，很容易成为不法分子"围猎"的对象，很多不法分子或者别有用心的人往往通过"公子（公主）路线"及"夫人公关"去巴结领导干部。如果领导干部家风不正，就会出现政商相互勾结的圈子，这样的圈子会演化成为政治问题与经济问题交织的关系网，污染了党员干部从政环境，对政治生态的破坏力很大。如果党内形成圈子，则圈子里面的人毫无党性可言、无原则可讲，以酒局、饭局等形式私交论感情，相互勾结、相互利用、相互包庇，结成利益共同体，一损俱损、一荣俱荣，将政治生活庸俗化、私人化，将人情往来当作敛财的手段，将亲属亲戚关系作为利益交换的工具，将庸俗作风当作人生追求，处理问题时内外有别，大搞政治攀附，领导干部在家庭角色与政治角色的双重角色中，最终结果就是权力异化与权力寻租。

（四）权力寻租致全家涉腐的形式多样

领导干部进行权力寻租，为家庭或者家族谋取不正当的利益，或夫妻联手，或父子合作，或兄弟上阵等，领导干部明里暗里地或在台前或在幕后进行操控，机关算尽，手段多样，权力寻租的形式花样繁多。

第一，任由涉腐。目前，各地区或各部门领导干部每天公务繁忙，事务繁多而且没有规律，各种会议、信访问题、公务接待、各类学习、安全生产、考核评比、考察调研等事务交替叠加，在工作的重压之下，领导干

---

① 《十八大以来重要文献选编》（上），中央文献出版社，2014年，第770页。

部加班成为常态，白加黑、五加二的工作节奏使其和家人在一起的时间少之又少，很难顾及家庭。领导干部在外主政一方，要为经济社会发展服务、为国计民生操劳，而在家庭内则承担着父亲或者母亲、丈夫或者妻子、儿子或者女儿的三重角色，需要尽孝道、育子女、友兄弟、爱妻子等。但是由于领导干部忙于事务，难以在治家和理政之间找到平衡点，这就出现了领导干部不管家、不顾家、不知家的问题。任务重、工作多使领导干部对其家庭成员所思所想、所作所为知之甚少，甚至一无所知，任由家庭成员凭自己的主观意愿办事。如果领导干部家风不好，其家庭成员打着领导干部的旗号谋私，轻则会出现吃拿卡要的现象，重则出现权钱交易等违法违纪问题，而领导干部对家庭成员的行为不管不问，甚至束之高阁。有的领导干部为了弥补无法陪伴家人的不足，竟然对家庭成员的不当行为放任自流，错位的亲情、变相的关爱、无拘的放纵致使全家深涉腐败而锒铛入狱，最后祸及领导干部本人。海南省昌江黎族自治县人大常委会原主任郭某某心无戒惧，对身边人管教不严，任由家庭成员与黑恶势力勾结，而且为黑恶势力提供庇护，最后自己和家人均被处理。安徽省寿县原县委书记张某某理论水平高、工作能力强，但是因为放纵妻子、侄子、女儿、兄弟等家人凭借其权力大发不义之财，使其家庭生活逐利化、物质生活享乐化，最后从"全家福"落到了"全家腐"的局面，不法商人出巨资为其在老家盖了一套房子，这位县委书记还未住新房就先进了牢房。

第二，合作共腐。这种类型的家庭或者家族腐败表现为领导干部及其家庭或者家族成员共同腐败，领导干部或在前台或在幕后利用自己手中的权力为家庭或者家族成员提供帮助和支持，其家庭或者家族成员在招投标、基建、土地出让、矿山开采、人事调整等领域获得优先权，攫取巨大的暴利。这类腐败或者是夫妻联袂，或者是父子联手，或者是兄弟联合，或者是亲友联结等，在领导干部权力的荫庇下，家人们相互协作，共同渔利，"一人当官，全家受益""一人得道，鸡犬升天"，领导干部及其家庭成员利用手中掌握的权力谋取不当利益，进行权钱交易、权物交易、权权交易、权色交易等，钻法律空子，找制度的漏洞，或者进行暗箱操作，真可谓腐败手段多样、腐败领域多面、腐败利益多元、腐败形式多重，家庭或者家族腐败涉及人数多、涉案面广、涉案金额大、危害巨大，给党和政府在政治上造成极坏的影响，给国家在经济上造成巨大的损失，也给社会带来无序和混乱。在家庭腐败或者家族腐败中，如果一个人出事或者一个环节出问题，其全家人都会遭遇牢狱之灾，很多"全家腐"就是因为儿子坑父、妻子坑夫等，纪检监察部门就是从其家人高调张扬的事情中找到反腐败的突破口，结果就是"全家腐"变成了"全家覆"。2018 年度十大反腐败热词之一的"严书记"可谓是非常的典型。

其实早在 2015 年 10 月，中共中央纪律检查委员会在对河北省原省委书记周某某的通报中，第一次用了"家风不正"的措词，深刻地反映了领导干部家风问题与腐败问题的紧密联系，也表明了党中央对领导干部家风问题的关注度有所加强。周某某就利用权力为家人谋取私利，利用权力帮助家人、亲戚、情妇在经商活动方面获取巨大的利益，其家族成员中多人涉案。细细地剖析，这些全家腐的案例均与家教意识不强、家庭建设不足、家风培育不够息息相关，领导干部陷入全家腐的泥潭，不仅自毁前程，破坏家庭，而且蠹国害民，损害党和国家的事业。所以对于领导干部来说，优良家风是抵御腐败的"隔离带"与"防火墙"，家风一旦败坏，泥沙俱下、污垢俱来，最终祸起萧墙。

第二节　领导干部家风问题的成因

领导干部家风不正的表现形式多种多样，家风不正，必然导致党风不纯、政风不清、社风不好。可以说领导干部家风败坏，危害严重，影响恶劣，损害党和政府的形象，解决起来也比较困难。一把钥匙开一把锁，领导干部家风问题也只能够从其家庭家风着手解决，找出家风问题的成因，并且对症下药，这样才能够遏制"全家腐"问题发生。

一、领导干部个人因素

内因是事物发展的根据，也是事物发展的根本原因，外因是事物发展的条件。领导干部家风问题主要还出在领导干部自身，打铁必须自身硬，领导干部自身问题是导致家庭或者家族问题频出的重要原因。

（一）信仰迷失

人民有信仰，国家才有力量。对共产党员来说，只有理论上清醒，才能有政治上的清醒；只有理论上坚定，才能有政治上的坚定。共产党员如果没有对马克思主义的信仰、没有对共产主义的信念，或者信仰信念不坚定，就会出现这样那样的问题。因为理想信念是共产党人精神上的"钙"，缺乏理想信念或者理想信念不坚定，精神上就会缺"钙"。理想信念是中国共产党人的精神家园，共产党人应该牢记并且为之进行不懈奋斗。领导干部受一些不良思潮的影响和不良思想的侵蚀，理想信念松动，就会出现信仰缺失的问题，放松了党性修养，其结果是领导干部讲风水、搞迷信、信鬼神，碰到事情就烧香拜佛，不信组织信大师，以至于精神萎靡、动力丧失，最终走上贪腐的深渊。领导干部腐朽、落后、愚昧的思想会影响家庭、带坏家人。有些领导干部已经干出了一些与共产党人精神家园相反的行为，千方百计地为子女出国留学、职务安排、职称评定、从政经商等创造条件；有些领导干部为自己和家人更改国籍，就是为了能够永久定居国外；有些领导干部带着两副面孔，台上一套、台下一套，人前是人、人后是鬼，家里一套、家外一套；有些领导干部时常受到"枕边风"的"吹拂"，在家人无原则地言听计从；有些领导干部利用权力做越轨错位的事情，将公共权力当成谋私器物。领导干部信仰迷失，是使其产生贪腐的念头，在腐败的道路上难以回头，政治上腐化变质、经济上贪婪成性、精神上荒芜贫瘠、行为上糜烂奢侈，最终是栽了跟头。

（二）特权思想

领导干部由于自己特殊身份而自我感觉到高人一等，利用手中掌握的权力搞一些特殊化的东西，为自己和他人谋取不正当的利益。在现实生活中，特权思想表现为不遵守规章制度、不讲原则；对别人要求严，对自己要求低；破坏公平，托关系、走后门；不能明辨是非，做不到公正无私等。一些领导干部的身上，不同程度地存在特权思想，总是高高在上，在工作中搞"一言堂"，听不进反面意见，不接受批评教育。上梁不正下梁歪，领导干部都这样，其家庭成员也必然受其习染，对待邻里、朋友、同事等也带有一种傲气、猫气和戾气。有的领导干部家庭成员拉大旗、扯虎皮，利用领导干部的特殊身份招摇过市；有的领导干部家庭成员狂妄自大，随意动用领导干部所辖范围内的资源，包括领导干部的公务车、司机、会议室及各种设备等；有的领导干部家庭成员更是凭借领导干部的权力谋不义之财，严重者还与黑恶势力相勾结，危害人民群众的生命财产安全及社会的和谐稳定。抗疫防疫期间，呼和浩特市、大连市等地方出现了一些党员干部不配合疫情防控工作，有的甚至还打骂防疫工作人员。2021年11月6日，江西省南昌市的一银行高管孙某酒后驾驶玛莎拉蒂，拒不配合交警酒精测试，最后被判拘役两个月，并且处罚金人民币10000元。电视专题片《正风反腐就在身边》第四集《严正家风》中的一些官员及其家庭成员以权压人、用权任性、以权谋私、越权享受、凭权自傲等，"严书记夫人"等热词引爆舆情。实际上，这些荒唐行为的根源，无非是特权思想在作祟，体现出了部分领导干部组织纪律、党性修养和家风建设等方面的不足。

（三）贪图享受

随着改革开放和市场经济的发展，国外一些不健康思想也随之涌入，拜金主义、个人主义、享乐主义、奢靡之风等思想对党员干部、人民群众等均有不同程度的影响，有些人的价值观发生了变化，包括领导干部在内的很多人错误地认为勤俭持家是传统的东西，现在已经过时了，在物质生活极其丰富的现代社会应该充分享受物质方面带来的快乐。一些领导干部及其家人讲排场比阔气，穿戴讲究名牌、吃喝名烟名酒、出行豪车、居住豪宅，沉迷于声色犬马，过着颓废的生活；一些领导干部不思进取，事业心不足，责任心不强；一些领导干部缺乏奉献精神，干工作得过且过，自控不严；一些领导干部安于现状，缺乏进取精神，工作积极性不高；一些领导干部缺少担当精神，干工作瞻前顾后，畏手畏脚；一些领导干部追名逐利，过分贪图享受，崇尚金钱万能，骄纵家人，爱家无度，为家人的"幸福生活"而与家人一起谋取利益，公款吃喝、公款旅游、公车私用、公款赌博等。所以，部分领导干部为了享乐而不惜出卖党性、出卖人格、出卖灵魂。如国家食品药品监督管理局原副局长吴某，因为涉及长春长生公司问题疫苗案而落马，通报称其"利用职权与监管对象大搞利益输送、权钱交易，贪图享乐、腐化堕落"等。此外，吴某还涉嫌违规出入私人会所，接受可能影响公务执行的宴请和旅游活动安排，在干部录用上利用权力违规为其亲戚提供帮助。2019 年 11 月，因滥用职权，受贿 2100 多万元，吴某被四川省成都市中级人民法院判处有期徒刑 16 年。忧劳可以兴国，逸豫可以亡身。领导干部因贪图享受而败坏了家风、带坏了社风、影响了党风，导致家庭、社会、国家的发展动力不足。

二、官僚主义及错误观念影响

官僚主义及一些错位的思想观念对领导干部家风问题也有着极其恶劣的影响，具体表现为官僚主义、家族观念及人情观念的影响。

（一）官僚主义

官僚主义是人类社会存在的政治现象，常被用来概括和描述与官僚政治相伴而生的各种问题。《现代汉语词典》对官僚主义的概括是"脱离实际、脱离群众，不关心群众利益，只知道发号施令而不进行调查研究的工作作风和领导作风。"实际上，官僚主义就是一种风气、作风，具体表现为"脱离实际与脱离群众，就知道发号施令"的施政行为，还有就是在干工作时凡事搞形式主义，对工作敷衍塞责，遇事将责任向上推给组织或者向下推给基层。列宁认为官僚主义是事业的利益服从于升官思想，他还认为官僚主义有两个副产品：贪污行为和拖拉作风。列宁同志认为这两个副产品是任何政治上的改造和军事上的胜利都治不好的毒疮。官僚主义产生于封建社会，具有长期性和复杂性的特征，并不会马上消失。我国是人民民主专政的社会主义国家，国家的一切权力属于人民，领导干部本应该利用人民赋予的权力带民致富、为民解忧。然而在一些党员干部身上，仍不同程度地存在着官僚主义倾向，主要表现在独断专行、滥用权力，漠视人民群众的利益和诉求，居功自傲、作风霸道、自我膨胀，凡事自己搞"一言堂"，不接受批评和自我批评等。

领导干部官僚主义思想和作风是封建残余糟粕思想的体现，中国家庭或者家族讲究亲情理念，注重关系和谐，但是有的封建家庭的人际关系缺乏民主和平等精神，常常论资排辈、尊贤有等、亲亲有术、盲目服从等，家庭的等级制比较严重。受这种封建残余思想的影响，有些领导干部崇尚权力、注重权威，在工作中家长制作风严重，表现为唯我独尊、个人专断；有些领导干部还有"一人得道，鸡犬升天"的思想意识，利用自己的权力，无视党纪国法，为妻子、孩子、父母搞票子、房子、车子，最后导致领导干部本人及其家人都出了乱子。官僚主义不利于党和国家的路线方针政策的贯彻执行，损害了党和政府的形象，是横在党与人民群众之间的一道槛。由官僚主义衍生出的享乐主义、奢靡之风及权力寻租不正之风和腐败问题祸及领导干部的家庭、社会与国家，所以必须下大力气进行整治。

（二）家族观念

家族是由姓氏、婚姻和血缘等血亲关系而组成的亲缘集合体，是社会的基本单位。中国人在生产发展的过程中崇尚集体主义，我们的祖先认为只有依靠集体的力量才会有安全感、幸福感，这与当时生产力水平低下息息相关。中华民族在长期的生产和生活中形成了极强的家庭或者家族观念，这种观念是中国社会组织民俗极为重要的内容，对每一个中国人的价值观念和行为方式影响很大，而且还会影响社会的发展进步、和谐稳定。中国人的家庭或者家族观念以家庭或者家族为社会生活的核心，强调敬畏祖先、长幼有序、践行孝道等。家族观念在中国人的心目中可谓是根深蒂固，直到现在仍然对中国人的行为模式和价值理念起着重要的影响和作用，很多家族兴旺发达与家风紧密相关，优良家风能够将家族成员联系在一起，增强家族成员的向心力、凝聚力和亲和力，培育家国情怀，树立强烈的爱国主义情感。

家族观念在维系、联系家庭或者家族成员方面发挥着不可替代的作用，但是家族观念的负面影响也应该引起人们的警惕。在部分地区，家族势力控制着村级事务，有的地方家族还用家法代替国法，存在一些较为落后的思想，如盲目排外、重男轻女、帮派思想等，这对当地的政治、经济、文化发展起到了阻碍作用。更有甚者，有的家族还严重危害着当地的政治生态，影响着当地的经济秩序。电视连续剧《破冰行动》中的林耀东既是村支书，也是家族的长者、房头，他本应该带领家族成员勤劳致富，但是为了牟取暴利，竟然带领村民（主要是家族成员）制贩毒，不仅危害国家、危害社会，还危害了家族，败坏了家风。领导干部也来源于一定的家庭或者家族，或多或少受家族观念的影响。领导干部如果受家族观念的影响较大，家族观念太强，其手中掌握的公权力也就会受到家族观念的影响、支配和制约，那一些领导干部就会利用权力违反党纪国法，为其家族成员在升学、工作、就业、晋升、经商等方面提供帮助，久而久之就会家风江河日下，形成家族腐败。江西省委原书记苏某利用自己的权力为老婆、孩子、亲属等在土地出让、招投标、工程建设等领域大开方便之门，其家庭成员肆无忌惮地进行敛财。经纪检部门调查，这位省委书记共有10多名家人涉案，可以说是父子齐上阵、夫妻共联手、兄弟姐妹一起串通，家庭成员共同贪腐，而这位省委书记充当着家族腐败的代表。领导干部有较强的家族观念，重视亲情、呵护家人、关爱亲人这是无可厚非的，但是凭借自己的权力为家庭或者家族成员谋取私利，则与党的性质宗旨相背离、与党纪国法相违背。领导干部及其家庭成员违法违纪，破坏法律制度，占有社会资源，扰乱正常的市场经济秩序，造成国有资产大量流失，损毁了领导干部家族的口碑，影响了党和政府的形象。

（三）人情观念

中华传统文化中，人情不仅表示人的基本情感状态，同时附着对应的一套认识与看法（即人情观念）。传统意义上的人情观念既是人之常情对应的认识，还是对待人的价值理念，具有柔性的规范作用，落实到人的身上就是讲人情。中国社会是一个人情社会，在现实生活中，许多人一遇到难办的事情就会找亲朋好友打通"关系"，走"熟人好办事"的路子，有人把这种现象称之为"熟人社会"或者"人情社会"。有些可办可不办的事情找人就可以办成，有些不能办的事情找人疏通关系也可以办成。"熟人社会"办事受"人情"左右，以"关系"替代"规则"，这既违背了公平正义，也容易出现舞弊问题，败坏了社会风气。人是社会性的人，人都有人际关系的需求，需要有自己的朋友圈，抵制不良的人际关系和交往方式，建立纯洁无私的人际互动关系，在社会公共生活领域讲原则、讲规则，在私生活领域讲人情，讲人情时处理好公私关系，是领导干部家风的拓展、放大与延伸。领导干部出于工作的需要，接触的对象复杂多样，除了与家人的关系外，还有部门内的人际关系、部门外的人际关系及其他各行各业的人际关系，以求学、爱好、地域、专业等为基础建立起各种各样的人际关系。一些领导干部很重视人情，而不守原则，奉行"好人主义"，利用权力为亲朋好友办事情，这都是因为人情而混淆了公私关系。习近平总书记曾经说过："……特别是那张巨大的人情关系网，既有形又无形，把很多干部群众都网在里面。……你有圈子，我有圈子，大家竞相找圈子、入圈子、织圈子，把人际关系搞得越来越庸俗，一些干部甚至因此误入歧途，走上违法犯罪道路。这些不良习俗根深蒂固、无孔不入，很容易给党员、干部带来不良影响，绝不能小视。"①

三、党内监督存在缺位

领导干部家风一般被认为是家庭私事、个人小事，故没有得到相关部门应有的重视，相关的监督机制和考核机制存在不健全与不完善的问题，在制度规范方面还不强。目前，对领导干部的监督虽然也有一些制度规范，但是还存在一些漏洞，具体表现为对领导干部家庭监督的立法存在空缺，难以将"家事"上升为"国事"，使家庭监督很难做到有法可依、违法必究；领导干部家风建设方面只存在于理论层面，一些地方对领导干部的监督还局限于八小时之内，只实施了针对领导干部家庭监督的举措，对领导干部亲属在营造良好家风方面缺乏明确的要求，这就导致了领导干部家庭成为监督的盲区，对领导干部在八小时以外的活动轨迹的监督存在缺位现象。此外，领导干部家庭或者家族成员的活动情况、工作情况、交友情况、德行情况等也属于领导干部家风建设的内容，相关部门不仅要对领导干部进行监督，还应该对其家庭或者家族成员进行监督，对其家人的活动范围、活动轨迹、活动情况等应该做到心里有数。但是，这里也存在一个比较困难的问题，家庭或者家族存在的问题一般来说比较隐蔽，"家丑不可外扬"，家庭问题线索不好收集，个人问题、家庭隐私等很多问题都上不了台面，只能够存在于家庭这个封闭的环境中，媒体监督、党内监督、网络监督、群众监督存在不能监督、不敢监督和不想监督的问题，所以对领导干部家庭问题监督的标志和依据也需要进行考量，有些事情如果监督不力、监督不好可能会造成一些不必要的麻烦。尤其需注意的是，尽管领导干部家风建设越来越受到重视，中国共产党也充分认识到家风对党风廉政建设的重要性，2019 年 4 月，中共中央办公厅印发的《党政领导干部考核工作条例》第八条明确了对领导干部"德"的考核，就有领导干部

① 中共中央纪律检查委员会、中共中央文献研究室：《习近平关于党风廉政建设和反腐败斗争论述摘编》，中央文献出版社、中国方正出版社，2015 年，第 81—82 页。

"遵守社会公德、职业道德、家庭美德和个人品德等情况"的考核。但是，在实际的考核中，对领导干部"家庭美德"的考核缺乏规范性的细则，存在对领导干部家庭考核不细、不力、不实的情况。2019年3月，中共中央印发修订的《党政领导干部选拔任用工作条例》（以下简称《条例》）明确要"严把选人用人政治关、品行关、能力关、作风关、廉洁关"，该《条例》在第二章选拔任用条件中明确了领导干部要"加强道德修养，讲党性、重品行、作表率，带头践行社会主义核心价值观，廉洁从政、廉洁用权、廉洁修身、廉洁齐家，做到自重自醒自警自励，反对形式主义、官僚主义、享乐主义和奢靡之风，反对任何滥用职权、谋求私利的行为。但是，在课题组调研中，发现各级组织部门在对党政领导干部选拔任用的考核中，会让拟提拔的领导干部填一张关于家庭成员信息的表格，但缺乏家风方面具体的考核制度和考核内容。也有的组织部门会对领导干部的家风问题进行了解，但是很难深入推进。

四、治家不力，问题突出

国有国法，家有家规，没有规矩不成方圆。每一个家庭或者家族均有一套管理家庭的措施或者手段，都将中华优秀传统家风中的家和事兴、谨慎交友、和睦四邻、包容忍让、与人为善、乐于助人等价值理念用于治理家庭，可以促进家庭和睦、提升家庭成员的道德修养，为社会的和谐发展作出贡献。但是，领导干部作为家庭中的"核心"，每天热衷于工作、事务、应酬等，难以顾及家人，对家庭成员放任自流，缺乏对家庭成员的管束，不能够及时掌握家庭成员的思想和行为，未能对其家庭成员的"小节"问题进行及时纠偏，以至于后来失了"大节"。还有的领导干部在教育孩子的时候只注重给孩子灌输知识，忽视自身对孩子的言传身教，忽略对孩子的品德教育，只重智育而轻视德育、只重生理而轻视心理，只会以考试成绩作为衡量孩子好坏的标尺，这会对孩子的成长产生不利影响。还有的领导干部，尤其是异地为官的领导干部长期与家庭分离，他们认为无暇顾及家庭，对妻子和子女心中有愧，为了弥补对家人的亏欠，不惜利用权力为家人购置房子、车子等，有的领导干部随意纵容家人贪腐，最终的结果是捅了篓子，出了乱子。还有的领导干部由于忙于千头万绪的事务性工作，没有时间照顾子女，过早地把孩子送到寄宿制学校，或者送给爷爷奶奶、姥姥姥爷去抚养，这样导致家庭教育主体与受教主体所处的场域分开，受教主体缺乏管教，降低了家庭教育的实效性。在孩子的未成年时期，父母亲在家庭教育中扮演着特别重要的角色，隔代教育会导致亲子教育缺乏，导致家庭教育质量下降，更会直接导致孩子在成人之后出现这样那样的问题。领导干部治理家庭不力的案例可谓是多不胜数，"坑爹"二代不在少数，甚至有的在社会上引起轩然大波。作为一名领导干部，连自己的"小家"都管不好，何谈能够管好"大家"，所以领导干部治理好家庭、管理好家人，这样做官做人才能够理直气壮。

五、法治思维薄弱

法治思维是把法律当作判断正确与否和解决问题的准绳，法治思维要求遵循法律、崇尚法治，能够通过法律途径处理问题。法治思维是在分析、解决问题的过程中遵循法治的各种规范要求，是一种以法律影响规范思维和行为的理性思考手段。领导干部一定要树立法治思维，带头遵守宪法和法律、模范遵守规章制度，守住底线、不踩红线、不触碰高压线，必须使自己的行为合事理、遵法理、合情理。但是，一些领导干部在推进依法行政的过程中，存在超越法律法规的问题，不能够做到有法可依、执法必严、违法必究，有时候竟然会出现明知故犯的行为，这既体现了领导干部法治思维薄弱，也反映出了领导干部党性不强。特别是领导干部在行使权力的过程中，如果和个人利益、家庭利益、家族利益联系起来，则会出现藐视法律、无视法律的问题。为了自己的私欲私利，一些领导干部拉帮结派，搞不正当交易，违背道德、违反法律，致使人民群众的合法权利受到了严重损害，导致社会秩序的混乱，损毁了党和政府的形象。

　　领导干部法治思维薄弱、法纪素养缺失，容易出现以权压法、以言代法、徇私枉法、逐利违法等现象。山西省太原市公安局原局长李某某的儿子酒后驾车本身就触犯了法律，但在交警查酒驾时还动手殴打交警。事发后，李某某身为领导干部和执法者，不仅不去积极地协助警方去追究其儿子的法律责任，而是利用权力、动用关系、伪造证据妄图息事宁人。据"内蒙古政法"微信公众号称，内蒙古自治区某案件工作组于2021年4月7日发布的通报称，巴图某某在1992年5月12日杀害村民白某春。1993年6月9日，巴图某某因为故意杀人罪被原呼伦贝尔盟中级人民法院判处有期徒刑十五年，剥夺政治权利两年。从1993年9月28日，巴图某某违法保外就医，并且长期脱管漏管，在这期间，他还违规入党、违规当选村干部，在担任村干部期间还涉嫌贪污29万多元。在巴图某某"纸面服刑"的问题中，多名党员干部存在管党治党不力、违法失责、失管失察和违法违纪、涉嫌犯罪等严重问题，纪检监察部门已经认定了84名责任人，其中有8名厅级干部、24名处级干部、33名科级干部及其他干部9名，有10名责任人已经去世。这个"纸面服刑"案件涉及的领导干部存在执法犯法、失职失责等问题，司法部门的领导干部存在不公、不廉、不严等行为，让凶手长期逍遥法外，甚至还胡作非为，受害人家属的诉求长期得不到解决，精神上遭受着折磨。另据《河南商报》2021年11月29日披露的消息：国家烟草专卖局原党组成员、中央纪委原派驻国家烟草专卖局纪检组组长潘某某涉嫌受贿一案，由国家监察委员会调查终结，移送检察机关审查起诉。通报称，潘某某丧失理想信念，弃守职责使命，执纪违纪，帮助烟草行业私营企业谋取私利；家风不正，纵容亲属利用其职务影响力在烟草系统违规获取巨额利益等。所以，一些领导干部缺乏法治思维，用权、行政、执法过程中屡屡突破法律的底线，败坏了党风、带坏了社风、影响了家风。领导干部没有法治思维、规矩意识、纪律观念，就如和尚打伞无法无天，这是涵养不出来好家风的。

第五章 新时代领导干部家风建设的路径

中华民族自古以来就重视家风、关注家庭、注重家教，而领导干部又是治国理政的中坚力量，其家风更是与党风、政风、民风及社风紧密相连，所以须臾不可忽视。在中国特色社会主义新时代，适应全面从严治党的要求和建设中国特色社会主义事业的需要，着力探寻一条加强领导干部家风建设的路径尤为重要。

第一节 优良家风促进个体品德形成

十年树木，百年树人。研究和探讨领导干部家风相关问题不能够仅仅局限于个体在担任领导干部期间的家庭家风家教问题，而应该从个体小时候的家风培育谈起，因为领导干部从小也是生活在一定的家庭环境中，而个体幼年和童年时期又是世界观、人生观和价值观形成的关键时期。民间有"三岁看大，七岁看老"之说，可以说，个体年少时期是性格特质、思维模式、行为习惯形成的重要阶段，所以领导干部的好家风必须从小培养，从家庭做起，从娃娃抓起。

一、明确家庭个体培育目标

中国著名的教育家、思想家陶行知先生认为，教育孩子要从小做起，方法得当，才能够茁壮成长，反之只能"歪"着长大。一个人的成长最重要的是童年时期的教育理念、教育方法、教育环境等，孩提时候的良好教育能够为个体发展奠定良好的基础，甚至可以改变人的一生，反之亦然。因此，家教应该从小做起，家风必须从小育起。

（一）从小培育理想抱负

理想抱负是一个人对未来的一种美好期望，是其内心想要实现的目标，诸如家庭、事业及爱情等。一个人的理想越崇高，生活就越纯洁，世界上最快乐的事情，莫过于为理想而奋斗。对于一个特定的个体，特别是青少年，只要有了正确的理想抱负，就会产生昂扬的斗志、激发前进的动力，自觉地远离低俗、媚俗和庸俗。中华优秀传统文化非常重视理想和梦想的确立，因为理想是对人生美好的期待，是人信念坚守的方向。战国时期的屈原在《楚辞·离骚》中说："路漫漫其修远兮，吾将上下而求索。"表达屈原为了实现自己的理想而负重前行、披荆斩棘。唐代大诗人李白在《行路难（其一）》中说："长风破浪会有时，直挂云帆济沧海。"阐述李白为了实现理想抱负而豪情万丈。"初唐四杰"之一的王勃在《滕王阁序》中说："老当益壮，宁移白首之心；穷且益坚，不坠青云之志。"流露出人生由于奋斗而精彩纷呈，理想抱负是指引人生道路的星辰。"诗圣"杜甫在《茅屋为秋风所破歌》中说："安得广厦千万间，大庇天下寒士俱欢颜，风雨不动安如山。"反映了诗人要求改变黑暗现实，居安思危，兼济天下的迫切心情。南宋著名爱国主义诗人陆游在《示儿》中说："死去元知万事空，但悲不见九州同。王师北定中原日，家祭无忘告乃翁。"这首诗直抒胸臆，表达了诗人一生忧国忧民的理想抱负和强烈的家国情怀。鲁迅先生在《自题小像》中说："寄意寒星荃不察，我以我血荐轩辕。"寄托了鲁迅先生报效祖国的情怀。老一辈无产阶级革命家毛泽东、周恩来等能够成为伟人，也与其年少时期的理想抱负分不开，毛泽东少年时期就确立了改造中国的人生理想；周恩来年少时就树立了"为中华崛起而读书"的人生理想；朱德同志看到军阀混战的黑暗旧社会，认识到资产阶级领导的旧民主主义革命无法解决中华民族出路的问题，他从俄国十月革命和五四运动中看到了希望，拒绝了高官厚禄的诱，先后到上海等地，后又远渡重洋，寻找救国救民的真理，朱德同志于1922年在德国加入了中国共产党，从此以不忘初心、牢记使命的信念，致力于中国革命和解放事业，把自己的一生奉献给了共产主义伟大事业。青少年时期处于人生知识积累期和品德形成期，血气方刚、精力充沛，记忆力、模仿力和求知欲强，对其进行很好的教育和引导，切合人的品德和认知发展规律，培育效果可谓是事半功倍。在中国特色社会主义新时代，青少年是祖国的未来、祖国的花朵，是中国特色社会主义事业接班人和建设者，少年强则国强，习近平总书记也多次关注青少年的健康成长。2013年5月29日，习近平总书记在北京市少年宫参加"快乐童年 放飞希望"主题队日活动时明确指出："少年儿童从小就要立志向、有梦想，爱学习、爱劳动、爱祖国，德智体美全面发展，长大后做对祖国建设有用的人才。"所以，在中国特色社会主义新时代，千千万万个家庭从小培养孩子的理想抱负，能够又好又快地实现国家富强、民族振兴、人民幸福。

（二）加强艰苦奋斗教育

前途是光明的，道路是曲折的。个体想要成功就必须经历挫折失败，必须经历艰难困苦，必须经历大风大浪，必须经历实践锻炼、生活锤炼，学会在成功中继续前进，在失败中总结经验，这样才能够在以后的生活、学习及工作中取得成功，甚至可以创造出事业上的神话。对个体进行艰苦朴素教育非常重要，艰苦朴素教育主要是培育个体吃苦耐劳、勤俭节约的作风。古人认为生于忧患而死于安乐，亚圣孟子就从心志、筋骨、体肤、身体和行为五个维度对人历练的重要性进行阐述，并且还列举了舜是从田野耕作中被任用、傅说从筑墙劳作中被举用、胶鬲从贩卖鱼盐中被举用、管夷吾从狱卒手里被释放并被重用、孙叔敖从海滨隐居的地方被起用、百里奚从奴隶市场被赎回并被任用，最后孟子得出了"所以动心忍性，曾益其所不能"的结论，意思是这样激励他的心志，使他意志坚强，增加他所不具备的能力。通俗地说就是吃得苦中苦，方为人上人，温室中培育不出参天树，庭院里跑不出千里马，人往往会在艰难困苦的环境中磨炼自己的心志、意志，进而激发昂扬的斗志。在古代，这种从小艰苦朴素而励志成才的例子比比皆是，战国时期的屈原洞中苦读、战国时期洛阳城苏秦悬梁刺股、汉末常林带经耕锄、隋朝李密牛角挂书、西汉董仲舒三年不窥园、西汉匡衡凿壁借光、晋代车胤囊萤映雪、北宋司马光警枕励志、明代宋濂冒雪访师、清代蒲松龄草亭路问等等，这些名人以其艰苦奋斗的精神而名垂千古，也成为后人学习的榜样。此外，中华优秀传统文化中还有一些艰苦奋斗励志的名言警句，诸如"宝剑锋从磨砺出，梅花香自苦寒来"（出自《警世贤文·勤奋篇》）、"书山有路勤为径，学海无涯苦作舟"（出自韩愈《古今贤文·劝学篇》）、"业精于勤，荒于嬉"（出自韩愈《进学解》）、"千磨万击还坚劲，任尔东西南北风"（出自郑板桥《竹石》）、"历览前贤国与家，成由勤俭败由奢"（出自李商隐《咏史》）、"奢者狼籍俭者安，一凶一吉在眼前"（白居易《草茫茫——惩厚葬也》）等等，这些都是在逆境中成长成才成功的经验总结，值得人们去学习和借鉴，以更好地去培养孩子艰苦奋斗精神，磨砺孩子、坚韧不拔的意志品质。纵观历史上那些名门望族，在战乱频繁时期能够坦然于耕读继世，昂扬于天地之间，富贵不忘厚道，发达更加勤勉，靠的就是艰苦奋斗、从善积德，无愧于内心、无愧于先祖、无愧于社会、无愧于国家的这种坦荡胸怀。

现如今，艰苦朴素教育更应该加强。计划生育政策实施以后，一家一户的小家庭结构居多，每家每户就一个孩子，独生子女普遍表现出一种以自我为中心的心理，再加上一些家庭的父母亲教育理念、教育方式不当，对孩子百般呵护，温室栽培，含在嘴里怕化了，捧在手里怕掉了，孩子的衣食住行、学习择校、兴趣爱好、交往交友、专业选择等都是在父母亲的指导下完成的。殊不知，温室的花草经不起风雨，而阳光总在风雨后，孩子们从小没有经历过生活的磨炼与历练，长大后会出现各种各样的问题。越来越多的"中国巨婴"就是明证，这些孩子由于从小娇生惯养，身体长大了，心理年龄还停留在婴儿时期。这些中国式巨婴总是一味地向父母亲索取，一味地啃老，始终以自我为中心，不顾及父母亲及家人的感受，如果要求得不到满足就会撒泼、哭闹，严重者会殴打父母亲。这种中国式巨婴已经是见怪不怪了，上海的大卫在加拿大滑铁卢大学获得了工程硕士学位，回国后每天无所事事，就知道宅家打游戏，患有尿毒症的母亲80多岁了，苦苦哀求其工作，儿子却死活不干，后来母亲将其告上法庭，法官来调解时，儿子大卫不仅不感恩母亲，反而说其现状是母亲造成的。父母亲对孩子的爱是最无私的，但是爱子应该有度，也应该有道，不能够溺爱、宠爱，很多父母亲宁可自己多吃苦，也不愿意让孩子受一点伤。有些家庭虽然经济拮据，但是还千方百计地满足孩子的要求，有时候在面对孩子的不合理要求时也不拒绝。中国古语云："惯子如杀子。"过分满足孩子的要求，确实会让孩子衣食无忧、高高兴兴，少面对一些困难、少经历一些挫折。但是长此以往，对孩子的影响也是颠覆性的，孩子该走的路，父母亲帮其走了，孩子该做的事，父母亲帮其做了，孩子该吃的苦，父母亲帮其吃了，孩子该面对的问题，父母亲帮其解决了，在这样的教育方式下，父母亲尽可能包办孩子的一切，没有让孩子经受过艰苦朴素的生活锤炼。孩子在类似温室的环境中，身体发育正常，可是心智发育迟缓，最终抹杀了孩子的创造能力和积极性，成为名副其实的"巨婴"。河南省信阳朱堂乡的懒人杨锁就是由于父母亲的过分溺爱而没有独立生活的能力，23岁本是风华正茂的年纪，却活活饿死家中。杨锁小时候长相俊美，模样很招人喜欢，也很聪明伶俐。杨锁从小就过着衣来伸手、饭来张口的生活，不论是出门还是吃饭，父母亲会去伺候。直到8岁多，父母亲仍怕其出门有危险、怕其摔跤，所以每次出入家门时都会用扁担挑着，确实做到了脚不离地。但是他在沉浸于父母亲的溺爱中，其天性和天赋也被泯灭了。杨锁上学的时候，其父母亲也不让老师管，由于性格和家庭的原因，同学们都不愿意和杨锁交朋友。父母亲去世后，他也长大了，亲戚帮其介绍工作，却嫌累嫌脏，后来啥也不愿意干。将父母亲的遗产花完，生活陷入困境，饿了就乞讨，衣服脏了就扔，后来家门都不出，大小便都在家中，直到 2009 年底，堂哥发现杨锁冻饿死在家中。对于杨锁的死，我们哀其不幸，怒其不争，但是最该责怪的是他的父母亲，他们将孩子当宠物养，过度溺爱实际上剥夺了孩子的自由创造力和基本生活能力。为人父母者，除了应该教孩子做人和学习，还必须教他们拥有面对困难的勇气，培育他们克服困难的勇气。优良的家风家教能够增加做人的骨气、硬气和底气，即使身处逆境也能够仰望星空。内蒙古自治区党委常委统战部部长胡达古拉就是经过优良家风涵养而成为励志的楷模、成功的典范，胡达古拉从小父母双亡，不得不住在姑父家，其姑父是一位共产党员，为人正直、善良、包容，胡达古拉在姑父的耐心守望、默默支持下，考入内蒙古师范大学。在大学期间，胡达古拉学习勤奋刻苦、勤俭节约，大学毕业时以全班德智体综合测评第一名的好成绩留校任教，后来进入政府部门工作，如今担任内蒙古自治区党委常委统战部部长。① 这就告诉人们家风好、家教得当，并且秉持着艰苦奋斗的精神，逆境会成为前进的动力。

（三）养成勤俭意识习惯

勤俭节约是中华民族的传统美德，也是中华优秀传统文化中的精华，中华民族勤劳勇敢，在生产和生活的实践中，知道生产的艰辛和生活的艰难，尤其知道物质财富积累不易，更懂得节约的重要性，古人很明白"坐吃山空"的道理，因此中华民族儿女既勇于和善于创造物质财富，又在各方面节省开支，长此以往，古代劳动人民在创造物质财富的过程中养成了勤俭节约的好习惯，并且形成了强大的克勤克俭方面的精神财富，战国时期的《荀子》中就有"开源节流"之说，意思是增加收入，节省开支。我国劳动人民历来讲究勤俭节约，并将之深深植根于中国文化之中，古语云"克勤于邦，克俭于家"（出自《尚书》）、"俭节则昌，淫佚则亡"（出自《墨子》）、"谁知盘中餐，粒粒皆辛苦"（出自唐朝李绅的《悯农》）；民

---

① 胡达古拉：《我的引路人——姑父》，《人民政协报》2021 年 5 月 24 日。

间也有很多关于节俭的谚语，如"兴家犹如针挑土，败家好似浪淘沙""细雨落成河，粒米凑成箩""勤能补拙，省能补贫"等；古代还有其他关于勤俭节约的名言警句传世，如"静以修身，俭以养德"（出自诸葛亮的《诫子书》）、"俭，德之共也"（出自北宋司马光《训俭示康》）、"一粥一饭当思来之不易，半丝半缕恒念物力维艰"（出自清代朱柏庐的《治家格言》）等。"从俭入奢易，从奢入俭难，勤俭建国家，永久是真言"是开国元帅朱德一生的勤俭格言，朱德日常生活艰苦朴素，对自己和家人的要求都非常严格，入住中南海20多年，几乎没有一件新衣服，一双鞋底磨破的旧拖鞋穿到去世，他用的毛巾、被子、床单等生活用品直到不能用时才更换。勤俭节约是中华民族的传统美德，既是治家之本又是治国之要，既是积累财富的手段又是获取知识的途径。在中国特色社会主义新时代，习近平总书记审时度势，曾经专门对遏制餐饮浪费行为作出重要指示，早在2013年1月17日，习近平总书记就在材料《网民呼吁遏制餐饮环节"舌尖上的浪费"》的批示中指出："要加大宣传引导力度，大力弘扬中华民族勤俭节约的优秀传统，大力宣传节约光荣、浪费可耻的思想观念，努力使厉行节约、反对浪费在全社会蔚然成风。"习近平总书记在2013年1月的中国共产党第十八届中央纪律检查委员会第二次全体会议上又强调了勤俭节约的问题，此后习近平总书记又在各种批示和讲话中多次提到了勤俭节约的问题，这深刻体现了习近平总书记勤俭节约、杜绝铺张浪费的鲜明态度，充分展现了习近平总书记未雨绸缪的政治智慧。勤俭节约作为中华优秀传统文化的精髓，其观念和习惯的养成不是一蹴而就的，要从家庭抓起，从小养成，从家庭延伸到社会、从家风延续到党风，让弥足珍贵的优良传统激励着中国共产党、中国人民向更加美好的明天勇毅前行。

（四）强化道德理念灌输

自古以来，人们认识到教育不仅仅是学习知识和训练技能，尤其给人提供一种安身立命的道德品质，构建属于自己的心中家园。所以，中国传统家风极为重视道德理念的灌输，注重对个人的道德塑造和道德教化，现代广大家庭应该充分利用中华优秀传统文化中的道德教育资源进行道德教化。中华优秀传统家风文化强调，欲使孩子成才必须先让其成人，要培养孩子高尚的道德人格，如诚信做人、尊老爱幼、和睦四邻、兄友弟恭、勤俭持家、助人为乐、急公好义等。南宋著名理学家朱熹在《朱子家训》中强调：“有德者虽年下于我，我必尊之；不肖者，虽年高于我，我必远之。”① 体现出了朱熹鲜明的道德理念，反映出其对道德的尊崇。明朝“东林八君子”之一的高攀龙在《高氏家训》中说：“吾人生于天地之间，只思量做得一个人，是第一义，余事都没要紧。”② 意思是良好的家风就是学会做人。《高氏家训》中教导子女要“自强不息，厚德载物；弘扬明德，诗礼传家；健美人格，陶冶情操等。传统家风中，家长对子女的培养以道德为首要，这一教育理念和做法很值得现代家庭借鉴，现代社会就业压力大，很多家庭很重视孩子的成绩、分数，却忽视了对孩子道德理念和道德行为的培养，这就导致了孩子在成人及步入社会之后出现各种各样的道德问题。现在很多家庭都重视孩子的学习成绩，单纯以成绩的高低判断孩子的好坏。为了提高孩子的学习成绩，很多家长竭尽所能地为孩子报各种补课班、提高班、加强班、特长班等，以至于孩子整天忙于写作业、补课，放假不放松，最后弄得孩子身心俱疲，厌学、逃学、旷课、迟到、早退、叛逆、早恋、校园暴力等问题层出不穷，这些现象均与重视智育而忽视德育直接相关。轻视或者忽视道德教化，在孩子成人之后，各种道德问题就会凸显。2004 年，马加爵因琐事在云南大学宿舍连杀四人，引发了震惊国人的“马加爵事件”；2007 年，云南大学旅游文化学院大学生张超伙同男友将包养她的大款木鸿章杀害，而且手段非常残忍；2010 年，大学生药家鑫在西安驾车撞倒一名妇女后不施救，反而连捅数刀将其杀害；还有复旦大学投毒案、陕西张扣扣杀人案、北京郭文思杀人案等。这些杀人案件，不仅性质恶劣，其手段也是极其残忍的，很多案犯受过高等教育，且杀人

---

① 　朱熹：《朱子家训》，华东师范大学出版社，2014 年。
② 　高攀龙：《高氏家训》，中国文史出版社，2016 年。

起因都是鸡毛蒜皮的小事情，不能不引人深思。家庭是每个人的成长点，是我们终身的学堂，父母亲是孩子的第一任老师，也是终身老师。家庭教育首要的是道德教育，就是教孩子如何做人的问题。家风犹如和风细雨，润物无声地浇灌着孩子的精神家园，涵养孩子的道德品行，使孩子从小就做一个高尚的人、纯粹的人、脱离低级趣味的人。历史上那些家风优良的家族，其家族成员忠厚勤劳者众，弃德背信者寡，以学业出众者为贵，以德行宽厚者为尊，这就说明优良家风的价值理念和行为准则已经深深地融入了家族成员的血脉里，成为为人处世的准则与原则。中华古代先人的生存智慧，"崇德"让人与社会的关系更加和谐，"重教"让家族成员学习新事物，能够跟得上时代节奏，所以这些德教和智教理念是到任何时候都应该传下去的宝贵文化遗产。

二、培育个体家风家教措施

好的目标需要贯彻执行才能够落地生根，再好的目标如果未能够落实也只是一纸空文、纸上谈兵，明确了个体家风家教的培养目标，这就需要采取切实有效的措施，对个体进行家庭教育和家风涵养。

（一）全面贯彻社会主义核心价值观

习近平总书记曾经强调，要切实把社会主义核心价值观贯穿于社会生活的方方面面。习近平总书记在中共中央政治局第十三次集体学习会议上明确指出："一种价值观要真正发挥作用，必须融入社会生活，让人们在实践中感知它、领悟它。要注意把我们所提倡的与人们日常生活紧密联系起来，在落细、落小、落实上下功夫。"家风对于引导个人培育和践行社会主义核心价值观来说，可以说是基础中的基础，是个人价值观形成的重要起点。培育和弘扬社会主义核心价值观不能够脱离中华优秀传统文化，尤其是家风文化，家风的形成与发展是在家庭或者家族场域之内，以家诚、家训、家箴及家教为基础，体现出了亿万家庭优秀品质及精神内核，而弘扬和践行中华优秀传统家风，能够有效打通社会主义核心价值观与中华优秀传统文化链一些核心价值观的衔接血脉。

个人的生产和生活都离不开家庭，家庭是个体终身接触的场域，是个人身体、心灵等休憩的地方，也是个人价值观念、道德行为、品质性格等形成的场所，个人的社会化也离不开家庭的熏陶。家庭或者家族的和睦相处需要优良家风的涵养与规范，国家与社会的和谐稳定也需要优良家风提供精神支撑。个人的品质、品行、品德主要是在家庭或者家族中长辈的影响下形成的，这种优良家风的形成既是言传又是身教，既是精神价值的凝炼又是价值理念的升华；既是思想道德的内化又是道德行为的外化。家风的独特建构是一个多维度、多层次的过程，它既包含了理性的教导，也包含了情感的熏陶；既需要长期坚持，也需要内心的认同和实践。家庭能够营造培育社会主义核心价值观的伦理道德氛围，家风的培育过程也是培育和践行社会主义核心价值观的过程，千千万万个家庭培育起丰富多彩的家风，发挥家的最大正能量，使家庭具有向心力、凝聚力与亲和力，促进国家的繁荣昌盛、社会的和谐稳定。而社会主义核心价值观也只有进家庭、入头脑、养心灵、涵品行才能够落实、落小、落细，才能够具体化与现实化。尽管家风不能够涵盖社会主义核心价值观的全部内容，但是家风是家庭或者家族价值观形成的重要起点，是培育和践行社会主义核心价值观的有机土壤和文化载体。

家风具有多样性的特征，不同的家庭或者家族的家风具有不同的特性，这是由于不同家庭或者家族的生产样态不同、先辈的感悟等不同，从而形成了不一样的家风。但是家庭或家族也不是关起门来搞家风建设，家风也会与其他社会风气相互影响、相互交融，各个家庭或者家族的家风也相互交流交融，形成交集，这个交集的核心内涵就是中华优秀传统文化的价值理念和道德观念，凝结着全社会的最大共识。

中国共产党能够在抗日战争期间建立起抗日民族统一战线，就是因为全社会的最大共识，即团结一切可以团结的力量，画出最大的同心圆，海内外各族儿女能够捐款、捐物，纷纷参军、参战，共同团结御侮。今天，我们为了实现国家富强、民族振兴、人民幸福的中国梦，也是因为有最大的共识，即社会主义核心价值观，它是当代中国精神的集中体现，凝结着全体人民共同的价值追求。社会主义核心价值观分为国家、社会及个人三个层面，富强、民主、文明、和谐是国家层面的价值目标；自由、平等、公正、法治是社会层面的价值取向；爱国、敬业、诚信、友善是公民个人层面的价值准则。这三个方面的核心价值是紧密相连的，假若个人缺乏爱国、敬业、诚信及友善的道德情操，那么国家与社会层面核心价值就失去了支撑。而个人层面的社会主义核心价值观的培育主要是在家庭或者家族这一场域进行的，需要通过家庭落小、落细、落实，实际上在落实的过程中，就是在家庭层面培育优良家风。我们要以培养担当民族复兴大任的时代新人为着眼点，强化教育引导、实践养成、制度保障，发挥社会主义核心价值观对国民教育等的引领作用，将社会主义核心价值观融进社会发展的方方面面，使之转化为价值认同和行为习惯等。家庭教育因其独特的情感基础和个性化特点，往往能够影响个体的思想与行为，是社会教育和学校教育难以代替的。父母亲及其长辈要认真学习和领会社会主义核心价值观，深入实践、努力践行，继承和弘扬古代先贤圣哲的优良家风、学习和弘扬革命志士的红色家风、传承和学习历代廉吏的清廉家风，将家风的感悟、学习心得与社会主义核心价值观相衔接，内化于心，外化于行，让家庭成员在潜移默化中受到濡染和熏陶，给晚辈提供积极进取的价值导向和精神力量。

（二）领导干部要带头建立优良家风

人们常说，村看村，户看户，群众看干部。领导干部社会地位特殊，群众关注度高，本人及其家庭成员的言行举止不仅是家风的体现，也能够在社会上起到榜样和表率作用。我国历史上很多廉吏都有良好的家风家教，中纪委曾经在官网头条推出了浙江省金华市浦江县郑宅镇的"郑义门"，这个家族累世同居，以孝义闻名天下，内有元朝丞相脱脱亲题的"白麟溪"碑，明太祖朱元璋亲自赐给"江南第一家"牌匾，还有一些历史名人题写的楹联等。最让人记忆深刻的是，"郑义门"173 人担任政府官员，没有一个因为贪赃枉法而被罢官的。山西省运城市闻喜县裴柏村就靠着"重教务学、崇文尚武、德业并举、廉洁自律"这一条家规，在两千多年的绵延发展中培育出了 59 位宰相、59 位将军、尚书 55 位、14 位中书侍郎，还有御史、节度使、刺史、太守等 300 多人，该家族有 11 位考取状元，117 位考取进士，600 多名家族成员成为响当当的政治人物，七品以上的官员竟然有 3000 多人，可谓是家族繁荣，裴柏村也因此被人们称为"中华第一宰相村"，北宋政治家、史学家、文学家欧阳修曾经不无感慨地称裴氏家族为"天下无二裴"。唐宰相裴耀卿、唐朝开国功臣裴寂、南宋史学家裴松之等历史名吏名人均出自这一家族。裴氏家规"重教务学、崇文尚武"体现了其存世之道，而后两条"德业并举、廉洁自律"家规则反映了其家族的修身之要和为官之道。北周官员裴侠虽官至户部中大夫，但勤廉俭朴、公正无私，怕辱没先祖而不贪图享受。[1] 如今"富二代""官二代"的负面新闻层出不穷，将其祖辈和父辈积累的名声和财富被挥霍一空，家族也逐渐走向没落。

中国共产党的性质和宗旨是全心全意为人民服务，领导干部作为"关键少数"，应该利用手中的权力为民造福、替民解忧，领导干部不仅要大公无私，还要建立清白清廉的家风。在家风建设中，领导干部要做好"真人秀"，领导干部为官一任，主政一方，在外是建设和服务的榜样，在家是生活和事业的模范，要做到表里如一，内外一致；在家风建设中，领导干部要夯实防范围猎的"隔离带"，要做到公私分明，在家庭生活中要讲亲情、讲温情、讲感情，在公共生活领域要讲原则、讲规则、讲法则，严家规、明家法、管家人，严格区分"公"与"私"的界线，不能够让家人越雷池一步；在家风建设中，领导干部要念好"育子经"，人的思想工作是最难做的，思想上稍微松懈就会出问题，领导干部掌握着一定的权力，

---

① 岳树明：《中国"宰相村"探秘》，《文史春秋》1998 年 6 月 15 日。

其子女会成为一些人拉拢与腐蚀的对象，故领导干部要经常对子女耳提面命，培育良好家风，教育子女要防骄、戒奢、拒贪，要看好自己的家门，管好自己的家人。

（三）各级学校要开设家风方面的课程

在中国特色社会主义新时代，家风家教面临着一系列的问题，既不能够关起门来搞家风建设，也不能够单纯靠父母亲或者长辈来进行家风培育，因此需要在各级各类学校开设家风方面的课程，将中华优秀传统文化的课程融入其中。

首先，国民教育各学段要设置家风课程。要对不同学段的学生进行不同的家风教育，进行因学段施教。在幼教阶段，孩子们的心智发育还不够成熟，在家风教育内容方面，尽量做到言简意赅、通俗易懂、直观明了，可以通过图片、画册、音乐、儿歌、动漫等形式宣传古今中外优秀家风，教师要相应配合讲述一些家风小故事，将礼、义、廉、耻、孝等传统文化贯穿其中，让孩子从小就懂礼貌、讲文明、知荣辱、明是非；在小学阶段，小学生虽然还是乳臭未干，但是心理和生理较幼儿时期有了很大的提高，要选取一些鲜活的故事来教育小学生，如"精忠报国""劈山救母""司马光砸缸""祖昌教孙""苏秦刺骨""孙敬悬梁"等，通过这些跌宕起伏、扣人心弦的历史典故来教育小学生要向历史名人学习，鼓励孩子从小立志，增强做人的志气、骨气、底气；在中学阶段，学生们的心智渐趋成熟，感悟能力、理解能力、体验能力有了很大的提升，应该选取一些经典家风家训家诫等作为教材，进行较为系统的学习，如可以选择《孔子家语》《颜氏家训》《朱子家训》《郑氏家范》《曾国藩家书》等进行教育，同时学校还可以组织学生们参观孔子、曾国藩、林则徐、乔致庸、毛泽东、周恩来、粟裕、乌兰夫等一些历史名人的故居，聆听这些历史名人的家风故事、励志故事、奋斗故事、成长故事，感受一下历史名人的家风内涵，让学生们领会到优良家风对人成长成才的重要性。学校还可以组织学生积极参加一些劳动，参与一些志愿活动，干一些家务活和农活，开展一些访贫问苦活动等，2021年12月，内蒙古自治区党委、自治区人民政府印发了《关于全面加强和改进新时代学校劳动教育及体育、美育工作的若干措施》，创新了劳动模式，深化了教学改革进行了深化，完善了美育工作体系，使家风教育更接地气；在大学阶段，国家应在各高校设置一些家风家教方面的课程，培育大学生正确的家庭观、亲情观、爱情观、廉洁观，为即将步入社会的广大莘莘学子们树立正确的"三观"。

其次，各级干部培训学校要开设家风课程。各地区、各级党校和社会主义学院要开设家风方面的课程，对党员领导干部进行系统的家庭家风家教教育。要让党员领导干部学习和领会习近平总书记关于家庭家风家教方面的重要论述；认真剖析领导干部家风方面存在的问题及关于怎么看待家庭、家教和家风及其相互关系的问题；要让广大党员干部深入理解家风与党风、政风及民风的关系；要让党员干部知道当前领导干部家风建设的重要性和紧迫性，以在家风建设方面抓紧抓好抓实；选取一些古今中外家风方面的重要典型案例，教育和引导领导干部建设好家风，使他们明白家风清白对党风廉政建设的重要性、明白家风不正之殇，让领导干部重视家风、重视家庭、重视家教；要结合中华优秀传统家风、老一辈无产阶级革命家的红色家风、党员干部清廉家风，对党员领导干部进行家庭家风家教教育，包括孝道、勤俭、清廉、睦邻、交友等家风教育；要定期组织领导干部参观一些历史名人故居、家风教育点等，亲临现场感受家风文化，引起共鸣；各级党校还要组织学员下沉到乡村进行"三同"（与村民同吃、同住、同劳动），体验乡村生活的艰辛，培养艰苦朴素的作风。

再次，各部门要重视家风宣传研究工作。培育优良家风还需要做好家风的宣传工作，各部门要利用各种渠道和各种形式，加强对家风家教的宣传，要通过报纸、杂志、广播、电视、网络等宣传忠、信、孝、悌、礼、义、信等传统家风，宣传老一辈无产阶级革命家的红色家风，宣传现代家风典范，在全社会形成弘扬优良家风的氛围，共同营造良好的社会风气；培育优良家风还应该强化家风方面的研究工作，中华优秀传统家风是中华民族先人千百年来生产生活实践经验的总结，也是治理家庭的重要遵循，历朝历代都有家风方面的典型和典范。但是随着时间的推移和时代的变迁，家风的传承面临着诸多的挑战，需要对传统家风进行保护、挖掘和创新，传统家风的多样性特征也需要对传统家风进行梳理和研究，各级政府要加强对乔家大院、王家大院、诸葛村、曾国藩故居、郑义门等的保护，各级社科规划部门要对家风家教方面的课题进行立项，高校、党校、社科研究机构要有传统文化与家风家教方面的专职研究员，对家风问题进行系统化的研究，各研究机构和学校的专家、学者和教授要经常召开座谈会、交流会、研讨会，对家风问题进行探讨和研究，交流经验、心得和研究成果，剖析历史上那些显赫家族能够绵延千年的密码、探寻历史上那些名门望族能够人才辈出的原因、研究历史上那些大家族家风家教的特点和规律、分析研究中国特色社会主义新时代家风建设的样态和途径。这些研究性成果可以为各级党委和政府在基层治理、普通民众及领导干部家风建设、妇建和党建提供决策咨询。

第二节　领导干部要处理好家庭内外的各种关系

领导干部置身于一定的家庭之中，就不得不面对和处理各种各样的家庭内外关系及由此产生的各种矛盾，理顺了家庭内外关系，就能够防范家庭关系腐蚀党内关系、防范家庭关系影响党内政治生态。领导干部家风所体现出来的特征决定了要从内部和外部两个方面来构建领导干部的家庭关系。

一、建立和睦和谐清白的家庭内部关系

一是建立情感和谐、相互尊重的夫妻关系。颜之推认为，夫妻关系是家庭伦理关系的基础，他认为要实现夫妻关系的和谐主要在丈夫，丈夫要

有情有义，管家治家有法度，对妻子要仁爱。颜之推列举了梁朝孝元帝期间，一名官员因为家暴妻子而被妻子雇凶杀害的例子。不光在古代，现代家庭问题如果处理不好，也会招来杀身之祸，这样的事情经常见诸于媒体。2020 年 7 月，杭州的来女士被丈夫杀害并且被分尸，这个案件在全国引起轰动，"枕边狼"丈夫许某手段之残忍，让人们心有余悸。2021 年 1 月 19 日，一段陕西省某公司高管当着孩子的面疯狂殴打妻子的视频惹怒了全网，也引起了陕西省妇联的高度关注。这就可以表明，从古到今，家庭内部的夫妻关系如果处理不好，会直接影响生活、生产、生命。在领导干部的家庭内部关系中，夫妻关系是主导，直接影响着其他家庭关系，是建立在共同的生活态度、价值观念和审美情趣等基础之上的情感关系，这种关系受到法律的保护和道德的规范。夫妻关系是衡量领导干部道德修养、爱情观念、价值理念、法治意识、用权行为等的重要尺度。领导干部在家庭外面是公共权力的行使者，在家庭内部是主要成员，其特殊地位和特殊身份决定了其即使回归家庭关起门，也不可能与公权力完全阻断，问题在于领导干部妻子的"枕边风"吹的是清廉之风、清正之风、清白之风，还是吹的是歪风邪气，如果领导干部妻子的"枕边风"具有满满的正能量，那既是对领导干部工作的一种支持和帮助，也是清廉家风的表现；如果领导干部妻子"枕边风"吹出来的是阵阵歪风，则是对党内政治生态的污染，也是家风不正的体现。领导干部树立好家风，妻子的生活态度、价值取向、性格特质至关重要，俗话说："妻贤夫祸少。"妻子能够做到在生活上关心丈夫、工作上支持丈夫、情感上关怀丈夫，对外界的"夫人公关"能够加以抵制，则会给丈夫廉洁用权、廉洁从政创造一个良好的家庭环境和家庭氛围。

二是建立民主平等和谐的父子关系。父子关系是婚姻关系派生出来的，是仅次于夫妻关系的一种家庭内部关系。父子关系具有心理和情感的双重特性，此关系的建立是领导干部家庭关系的重点、焦点和难点，也是影响领导干部家风建设的重要堵点。领导干部家庭由于领导干部特殊的政治角色，其家庭在生活条件、社会地位、民众关注度等方面聚焦性强，领导干部的子女有一种高人一等的感觉。同时，由于领导干部工作忙碌、业务繁忙，"白加黑"和"五加二"的工作节奏使领导干部难以从纷繁复杂的工作中抽出时间来关心家庭、照顾家人，也很难对子女进行有效的教育和引导，重生理轻心理的问题和现象较多；有的领导干部对子女的爱存在错位和缺位的现象，家风这本经被部分领导干部彻底念歪了，还千方百计地通过自己的权力为子女谋房子、票子、车子、职位等，折射出亲情观的错位，这就导致部分领导干部子女，也就是人们所说的"官二代"骄气盛行。清末政治家、军事家、文学家曾国藩就曾经强调指出："仕宦之家，不蓄积银钱，使子弟自觉一无可恃，一日不勤，则将有饥寒之患，则子弟渐渐勤劳，知谋所以自立矣。"① 也就是说不能够给子孙留下太多的物质财富，留下的财富太多，不仅对子女无益，反而会害了他们。其实，养育和教育子女是每个家庭义不容辞的责任，对于领导干部来说，一门好家风胜过万贯家财，一门好家风胜过千万名校。领导干部不可能一辈子为官，其子女也不可能终身活在父母亲的光环里，领导干部要以身作则、循循善诱，凡事要多和子女商量、沟通，教育和引导子女在日常生活中要自食其力、干事创业中要自立自强，不能够有"大树底下好乘凉"的想法和行为，要努力学习科学文化知识，不断提高自己的素质和能力，掌握一技之长，用自己的双手创造属于自己的幸福和未来。近些年来，"贪腐父子兵"的家庭腐败案件涉及面广、影响恶劣，案件中的领导干部毫无底线地满足子女的要求，并超越法律和道德的界线，最终坠入腐败的深渊。俗话说："父子之严，不可以狎；骨肉之爱，不可以简。简则慈孝不接，狎则怠慢生焉。"慢慢研判、细细分析这句话，父子贪腐、子女骄纵都是家风建设不够、家庭教育不力所致。

三是建立相互帮助、公私分明的亲属关系。领导干部也是鲜活的个

---

① 马道宗：《曾国藩治家方略》，中华工商联合出版社，1999年，第374页。

体，和普通人一样也需要亲情、友情、人情。以血缘关系为纽带建立起来的亲属关系是领导干部家风建设中不可忽视的重要群体，领导干部对待亲属亲戚也要有情有爱有温暖，但是这种亲情关系不能够与法理、公理相悖，必须树立正确的亲情观念、公私观念、法纪观念，在私生活领域内要讲亲情、论友情、谈感情，但是在公共生活领域内一定要讲原则、讲规则。领导干部要建设廉洁清正的家风就必须正确处理和协调好亲属利益与国家利益、集体利益的关系，一些亲戚要求领导干部在升学、晋级、就业、晋职、经商等方面办事情、谋利益，却遭到拒绝，久而久之，领导干部就会在亲戚中受到孤立，严重者会反目成仇，至死不相往来，这是任何人都不希望看到的问题，毕竟领导干部也就那些亲属，得罪了亲属会使领导干部举步维艰，在亲属圈里会受到责难、排斥、漫骂等，亲情带来的压力也会影响个人的心情、工作。所以，领导干部在处理亲属关系与国家利益的时候，做到不徇私情、公私分明是必要的，也是必须的，但是处理的时候还需要一些技巧，需要领导干部动之以情、晓之以理，摆事实、讲道理，要耐心细致、和风细雨地做好亲戚的工作，处理和解决好亲属关系，这也是对领导干部行事能力、理论水平、工作方法的一种检验，是对领导干部党性原则的一种考验，是领导干部建设清白家风、维护家庭或者家族整体形象的重要经验。领导干部在通过耐心细致的工作并获得亲戚理解、支持和认同的情况下，要把亲情关系限定在家庭或者家族的范围之内，不能够超越党纪国法的界线，不能够运用自己的权力为亲戚走后门。在中国历经两千多年的封建社会中，形成的"家庭本位"思想可谓是根深蒂固，现实生活中，一些领导干部由于抵制不住人情的压力而乱了方寸，以至于陷入泥潭，类似这样的例子不胜枚举。湖南省曾经在2016年7月通报过10名省管党员干部为亲属经商办企业提供便利以谋取私利的案件，涉及高校、政协、报社、人大、政府及交通运输厅，这10起案件涉案的领导干部都利用职务之便，或直接为亲属本人经商办企业谋利益，或为亲属在工程方面提供帮助，这些案件显示出领导干部为亲情所累，没有做到公私分明，更没有做到廉洁用权，领导干部手中的权力成了为亲属谋取私利的工具。根据《济南时报》2021 年 12 月 15 日披露的消息，经记者统计发现，2021 年以来，中央纪委国家监委网站审查调查栏目已经通报了 70 多名领导干部的家风问题。领导干部能否严格管好家人，能否严明家风，关系到理想信念和廉洁自律的问题。所以领导干部处理好与亲属的关系，这方面老一辈无产阶级革命家做得非常好，也做得相当到位。毛泽东要求亲属一切按照规矩办，不能够让政府为难，周恩来总理曾经为亲属制定了"十条家规"，既是对亲属的从严要求，也为领导干部家风提供了镜鉴。

习近平总书记于 2016 年 1 月 12 日在第十八届中央纪律检查委员会第六次全体会议上分析了领导干部违法违纪问题时，特别强调了领导干部的家风问题，习近平总书记引用了清代官场上流行的一句谚语"莫用三爷，废职亡家"，以此告诫领导干部用人唯亲的弊端。所谓"三爷"指的是"子为少爷，婿为姑爷，妻兄弟为舅爷"。领导干部的这三类亲戚未必就没有才能，有的甚至是德才兼备，但是不能够委以重任，从古至今很多用人唯亲的例子表明，任用亲戚问题多多、弊端多多，管理和约束比较困难，而且容易形成以亲情和血缘关系为纽带的利益共同体。习近平总书记引用这句古训就是为了警示广大党员干部要防微杜渐，严格约束亲属，用人唯亲的结果就是"废职亡家"。

中国共产党历代领导人都重视选人用人的问题，毛泽东同志曾经多次对身边工作人员表示，我们共产党的章法，决不能像蒋介石他们一样搞裙带关系，一个人当了官，沾亲带故的人都可以升官发财。如果那样下去，就会脱离群众，就会像蒋介石一样早垮台。根据《毛泽东年谱》（中央文献出版社，2013 年 12 月），从 1949 年 10 月到 1953 年底，毛泽东同志回复亲戚的信件共有 170 封，其中要求毛泽东解决经济和工作方面问题的信占了大部分，但是毛泽东均回信一一拒绝，而且言辞恳切，"无情"中包含着"有情"，体现的是共产主义的真情大爱。中共第二代领导集体核心人物邓小平也明确强调了在选人用人问题上应该注意社会公论,不能够感情用事。江泽民在选人用人问题上也反对搞封建社会的"封妻荫子"那一套。胡锦涛则强调了让能干事者有机会、干成事者有舞台,不让老实人吃亏,不让投机钻营者得利。这就说明了坚持五湖四海、用人唯贤既是中国共产党的光荣传统,也是中国共产党始终遵循的干部路线。党的十八大之后,在关系到选人用人问题上逐渐制度化,以党内制度规范家庭家教及家风问题。2015 年 10 月,中共中央印发了《中国共产党廉洁自律准则》,共 8 条,280 多字,有领导干部廉洁自律规范的内容,其中第 8 条强调了领导干部要"廉洁齐家,自觉带头树立良好家风"。2016 年 10 月,党的十八届六中全会通过的《关于新形势下党内政治生活的若干准则》对此做出明确规定:"任何领导干部,不得违反党的干部标准和组织原则,将自己的亲属提拔到领导岗位上来;不得让他们超越职权干预党和国家的工作;不应把他们安排在自己身边的要害岗位上。"2019 年 3 月新修订的《党政领导干部选拔任用工作条例》明确地规定了实行党政领导干部任职回避制度。党政领导干部任职回避的亲属关系为:夫妻关系、直系血亲关系、三代以内旁系血亲以及近姻亲关系。这就从党内制度的高度来规避了家风不正之殇。

二、建立高尚纯洁亲清的家庭外部关系

领导干部也是人,人在其现实性上是一切社会关系的产物,人们都有交往的需求,有交往交流就离不开人际关系。领导干部也应该有自己的朋友圈,朋友一百个嫌少,敌人一个也嫌多,在交友问题上,领导干部不能够畏手畏脚,也要广交朋友,朋友多了,路好走,也有利于工作的开展。但是,领导干部交友时应该慎重,不能够什么人都来往,中华优秀传统文化中有"近朱者赤,近墨者黑"的警训,传统家风中也有交益友而不交损友的告诫及要遵循亲君子、远小人的交友格言,宋代理学家朱熹就要求子

女交"敦厚忠信，能攻我过"① 的益友。领导干部在工作、生活等中，接触的对象复杂而多元，层次也有高有低，角色也是形形色色的，有工作中建立的人际圈、有因兴趣爱好形成的朋友圈，有同学与战友圈，有政商关系圈等，这些人际朋友圈都会对领导干部行政行为产生影响，因此，领导干部必须加以警惕。领导干部在交朋友过程中，一定要建立健康高尚的朋友关系，一定要把握好交友尺度，对同学、同乡、战友、同事等提出的涉及公共权力事务性的要求一定要小心谨慎，增强政治敏锐性，严守公域和私域的边界，处理好人情伦理和法理的关系，强化自律意识和责任担当，谨防为朋友谋私利、办私事而违背原则、破坏规则。领导干部在处理公域与私域的关系问题上要把握几个实际问题。

（一）要做到既有人情味又按原则办

中国是一个人情社会，朋友圈、亲戚圈、工作圈等人际关系比较密切，领导干部手中掌握着权力，找其办事情的人就会多。面对老同学、老朋友、老领导及各路亲戚，如何正确对待和把握这些人际关系对于领导干部来说，是一个很现实的考验。"当官是一个充满诱惑的岗位，有的人不当官品行还是端正的，人还是敦厚的，不会去做什么为非作歹的事情。但是，当坐上了一定位置、戴上了桂冠就不同了，他不主动谋私，但面临的种种诱惑和陷阱很多，被动的、被迫的、被忽悠的、被引诱的事情太多了。"② 也是在这个时候，最考验的是领导干部的定力。在处理人际关系和人情问题上，要坚持原则坚定性和策略灵活性相结合，领导干部既要做到乐于助人、热情待人、真诚为人，又要讲党性、讲原则，坚持按照党纪国法、规章制度办事情，要明确厘清公域与私域的界线，要明白哪些是不能够有、不能够讲的人情。尤其当个人感情同党性原则、人情伦理同法理、个人利益同国家利益与集体利益相抵触时，领导干部一定要坚持党性原

① 吴言生：《中国历代家训集锦》，三秦出版社，1993年。
② 中央文献研究室：《习近平总书记重要讲话文章选编》，中央文献出版社，2016年，第123页。

则，站稳人民立场，坚持依法依规办事，维护国家利益、集体利益，即使被亲朋好友认为是"无情无义"也不为所动，这才是一个真正共产党人应坚守的定力，应坚持的原则。

（二）要保持健康的工作与生活方式

领导干部在处理公域与私域问题上一定要减少应酬，保持积极健康的生活方式和工作方式。领导与群众之间、上级和下级之间、地区和地区之间、单位与单位之间，因为业务上的需要，交流与协作不可避免，自然就少不了接待和应酬，但是一定要把握好度。如果每天忙于应酬，不学习充电、熟悉政策、掌握方针，不下基层调查研究，不掌握第一手的资料，不了解存在的问题，最终不仅会导致党的事业和人民的利益受损，而且会影响领导干部的身心健康与素质能力。习近平总书记在2014年河南省兰考县委常委扩大会议中说："从酒桌上倒下就再也没有醒过来的干部有之，连续几天'砌长城'而突发疾病的干部有之，'春宵一刻值千金'的荒唐行径被人把视频传到网上的干部有之，沉湎于不良嗜好被人拉下水的干部有之，教训很深刻！"所以，对于领导干部来说，减少应酬，保持健康的生活方式和工作方式非常重要。为官不易，做好官更难。领导干部的工作状态往往是"白加黑""五加二"，有时候一天工作下来感到身心疲惫。领导干部在工作之余，放松身心比较好的方式是回归家庭，多陪伴家人、尽享亲情，读书、喝茶、听音乐，进行各种体育活动等，神游物外，强身健体、锻炼意志，这样的安排才有品味。领导干部自觉追求健康的生活方式与工作方式，久久为功，庸俗的东西就无法近身，也不会给一些"狐朋狗友"谋取利益提供可乘之机。

（三）一定要处理好政商之间的关系

领导干部交友最应该警惕的是与商人的关系问题，领导干部因其特殊的地位，很容易成为商人的"围猎"目标，早在党的七届二中全会上，毛泽东同志就告诫过全党同志，"可能有这样一些共产党人，他们是不曾被拿枪的敌人征服过的，他们在这些敌人面前不愧英雄的称号；但是经不起人们用糖衣裹着的炮弹的攻击，他们在糖弹面前要打败仗。"① 为此，毛泽东同志提出了"两个务必"。习近平总书记多次强调要构建"亲""清"的政商关系，在建立和发展社会主义市场经济过程中，官员不可避免地要和商人打交道，现实中也经常会出现官商勾结、权钱交易等现象，无良商人为了达到自己利益最大化，千方百计地"围猎"领导干部，有的商人从领导干部身上找不到突破口，就从领导干部的家庭下手，通过"夫人公关""公子路线"等方式拉领导干部下水。党的十八大以来，许多领导干部都是因为抵挡不住糖衣炮弹的袭击而被商人成功"围猎"，付出了很沉重的代价。2020 年 11 月，反腐败警示教育专题片《围猎：行贿者说》在云南卫视开播，专题片从商人的角度，叙述了领导干部是怎么走向腐化堕落的。爱情、亲情和金钱成为不法商人腐蚀领导干部的武器。据《北京日报》2021 年 7 月 31 日披露的消息，内蒙古乌兰察布市委原书记杜某某被"双开"，对其严重违法违纪问题进行立案审查。经审查，杜某某亦官亦商，谋取私利，违规从事营利性活动；贪财无度，肆意用权，亲清不分，被商人围猎，在煤炭资源开发、工程承揽等方面利用职务便利为他人谋取私利，并非法收受、索取巨额财物。所以，领导干部在和商人打交道的时候，一定要小心谨慎，朋友可以交，但是必须把握好"亲"与"清"的界线，不能够和商人"称兄道弟"，面对商人的诱惑，千万要提高警惕，一个错误的想法、一个疏忽的举动就可能会万劫不复。剖析很多官商勾结的案件，商人往往是从领导干部家风的缺口"破门而入"，领导干部要净化自己的朋友圈，严以修身律己，管好家人，才能够筑牢抵御围猎的"防火墙"。

---

① 毛泽东：《毛泽东选集》（第四卷），人民出版社，2009 年，第 1438 页。

第三节　积极推动传统家训家规家风的创新转型

中华民族数千年来之所以能够生生不息、血脉不断，中华优秀传统家风是其特殊的"精神基因"。历史和现实都表明，优良的家风家教能够从小影响人的"三观"、培育人的行为习惯、涵养人的秉性，优良家风也能够顺应时代潮流，不断推动家庭和睦和社会进步，面对新时代出现的各种新问题和新矛盾，我们应该对传统家风进行现代建构，激活其精神基因，赋予其新的时代活力，推动传统家风的创新转型和创新发展。

一、继承弘扬传统家风

中华优秀传统家风为我们树立正确的世界观、人生观和价值观提供了重要的精神滋养，也为我们提高职业道德、社会公德和家庭伦理美德树立了道德标范。但是传统家风体现的是封建社会的价值理念，有其积极的作用，却也存在一些糟粕性的东西，所以我们不能够全部继承，应该坚持历史的和辩证的观点，结合新时代新要求，对传统家风进行批判地继承，对其科学的、合理的东西应该吸收，对其糟粕的东西应该扬弃。古代家风的精华包含着耕读、勤俭、廉洁等修身齐家之道，包含着妻贤夫安、父慈子孝、兄友弟恭等安家睦亲之法，包含着和睦乡邻、诚信待人、审慎交友等处世兴家之则，通过古代家风的这些精华，可以帮助家庭或家族塑造利国利家的正向理念、理想信念、道德观念和人文精神，对个人修身、家庭发展和国家建设都有重要的意义。此外，传统家风虽然与封建宗法制度有着密切的联系，但同时也凝聚着时代的精神。由于历史局限性，古代家风也不可避免地会体现封建社会的价值观念，部分家庭的家风缺乏民主精神，男女之间也存在不平等现象，还有一些"棍棒之下出孝子"等非科学教育理念和方式，存在一些重男轻女、重农抑商等糟粕性的东西，对于这些糟粕性的东西，不符合新时代要求的、陈腐的东西，我们应该坚决扬弃。

家风发展有其独特的内在规律，传统家风植根于社会物质生活之中，基于生产和生活实践之上，伴随着社会存在和物质生产的发展而变化，传统家风是我们的"本"和"根"，"不忘本来才能开辟未来，善于继承才能更好创新"①。对传统家风要进行鉴别，将精华与糟粕区别开来，传统家风有好有坏，要有目的、有条件地继承传统家风，毛泽东曾经强调指出："中国几千年的文化，主要是封建时代的文化，但并不全是封建主义的东西，有人民的东西，有反封建的东西。要把封建主义的东西和非封建主义的东西区别开来。"② 传统家风既有符合时代精神的东西，也有限制和阻碍个人、家庭、社会及国家发展的糟粕，所以在继承传统家风之前，必须区分精华和糟粕，要有鉴别地加以对待。我们对传统家风应该批判地继承，继承传统家风中具有永恒价值的内容，譬如诚信、明礼、忠孝等能够促进个人思想品德和国家、社会发展进步的家风内容，我们应该有扬弃地予以继承。因此，我们应辩证地对待传统家风，在古为今用、推陈出新的基础上推动传统家风的创造性发展。

在家风的价值理念和道德规范方面，领导干部应该借鉴传统家风中的勤俭持家、尊老爱幼、诚信友爱、团结互助、邻里和睦、矜贫恤独等美德；在家风传承手段和传承措施方面，领导干部应该借鉴传统家风的潜移默化、言传身教、情感熏陶、亲情感染等多种形式并用；在学习形式上，领导干部应该充分利用现代新媒体技术，灵活多样地进行学习，包括建立一些家风网站、家庭 QQ 群、微信群等，进行家风思想、理念交流，领导干部还应该充分运用"学习强国"等学习平台进行家风学习、传承和弘扬，家风的宣传也应该形式多样，除了阅读、学习和领会中华优秀传统家训、家规、家戒、家箴等外，还可借助戏曲、电影和电视剧等载体宣传和弘扬传统优秀家风。

---

① 习近平：《习近平谈治国理政》（第一卷），外文出版社，2018 年，第 164 页。
② 毛泽东：《毛泽东文集》（第八卷），人民出版社，1999 年，第 225 页。

中华优秀传统家风博大精深，可供学习、借鉴的家风文化浩如烟海。在继承、学习和弘扬中华优秀传统家风，我们不能不向曾国藩这个人学习。曾国藩是晚清时期四大名臣之首，是著名的文学家、战略家、政治家、军事家，洋务运动的发起者之一。毛泽东曾经评价其为地主阶级中最厉害的人物，蒋介石也对曾国藩极为推崇。自古圣贤豪雄可以敬仰，但是在思想境界、学识水平、天赋异禀等方面，一般人是学不到的，例如春秋战国时期的孔子、孟子、老子、庄子等，南宋理学大家朱熹，明代心学大家王阳明等都是可望而不可即的，只能够望其项背，但我们可以有曾国藩学习，曾国藩成长成功的实践证明，一个资质普通的人可以通过自己的努力获得极大的成功。曾国藩小的时候很笨，在其13岁的时候，一天晚上，曾国藩举步进入书房，点燃油灯之后，就开始背诵一篇300字的小短文。在曾国藩进入书房之前，书房里面进来一个贼，这个贼听到有人进入书房，就赶紧躲到房梁上，想等曾国藩睡觉后偷点东西再走，但是曾国藩一遍又一遍地背这篇短文，到了半夜三更仍没有背会。这个贼实在听得不耐烦了，下来之后将此文一字不差地背了一遍，还嘲笑曾国藩笨。曾国藩正是因为笨，所以他遇事情不绕着走，对读书学习保持一种持之以恒的精神，今天不懂明天再学，今年不会明年再学，将路子走得扎扎实实，基础打得非常牢固。曾国藩的学习经历正印证了"书山有路勤为径，学海无涯苦作舟"和"勤能不拙"的道理，这就为后世广大莘莘学子有着重要的启迪作用。曾国藩在历史上是一个响当当的人物，其家族同样让世人仰慕。两百多年来，曾氏后人十代子孙出了200多位精英人物，其中的秘诀就在于曾国藩的家风。曾国藩家风有三大重点：一是不睡懒觉，相当重要；二是千万别给孩子留财产；三是高度重视孩子的职业选择。① 曾国藩家风中的这三件小事看似简单，但是教育意义和教化作用颇大，从身心方面着眼于其家庭或者家族成员的品德塑造，教育后人天下大事必作于细、天下难

---

① 商鸣臣：《曾国藩家风轶事》，《春秋》2014年5月15日。

事必作于易的道理。曾国藩家风值得世人学习和借鉴，但是其家风也是封建宗法制度的产物，也不可避免地有一些重男轻女等糟粕性的东西，所以我们在传承和弘扬的时候，要取其精华去其糟粕，要批判地继承。

二、创新传统家风

传统家风要想符合新时代发展的要求，就需要进行创新性转化和创造性发展，毛泽东同志对待传统文化的鲜明态度是"继承和借鉴决不可以变成替代自己的创造"①，习近平总书记也明确强调要"坚持创造性转化、创新性发展，不断铸就中华文化新辉煌。"② 这就说明构建新时代优良家风要在新的历史条件和时代背景下、在新时代的生产和生活实践中对传统家风资源进行创新性发展，为传统家风注入新活力，形成适应新时代要求的家风，从而能够让家风在新时代产生强大的生命力和影响力，激活传统家风感人、育人、化人的现代价值。

（一）多方发力，共同转化

首先，要培养父母在家风创新中的引领作用。在家庭内部关系中，父母亲的关系是核心，父母亲在家风家教中具有较强的权威性。随着时代的发展和社会的进步，子女的自主意识在逐渐增强，这就需要把父母亲的权威性和子女的主观能动性相结合。父母亲和子女之间建立民主平等的关系，才能够较好地实现家风的转化。父母亲要有正确的价值理念、行为规范及行事风格，在日常生活中对子女言传身教、潜移默化，将正能量的东西不断地传导给子女，从而起到正向的效果。

其次，发挥文化工作者在家风创新中的引领作用。各级各类文化工作者不仅要为社会提供高质量的家风文化内容，还要保证传统家风创造性转化的正确方向，强化创造、塑造和传播功能，从而达到带动和影响的积极效果；各级各类文化工作者还要立足新时代，从新时代的生产和生活的实

---

① 毛泽东：《毛泽东文集》（第三卷），人民出版社，1996年，第860页。
② 《党的十九大报告辅导读本》，人民出版社，2017年版，第41页。

际出发，分析、梳理和发掘有利于青少年身心健康的东西，有利于家庭、社会和国家发展进步的东西，将传统家风进行现代升级改造，以新时代人们乐于接受的形式表现出来，从而构筑其当代家庭的核心价值体系。

再次，建立一体化的育人机制。学校、家庭、社区及全社会要密切配合，共同承担起传统家风创造性转化的重任，共同发挥家风在新时代的育人功能。依托家庭和学校这两大教育阵地，社区协同配合，全社会形成优良的家风家教氛围，从而促使孩子们形成正确的价值观念和理想信念，养成良好的道德品行和行为习惯，实现家风的现代育人作用。

（二）强化法律的刚性约束

国有国法，家有家规，没有规矩不成方圆。传统家风有自己的规矩，但是在现代社会出现了不讲诚信、不孝顺老人等现象及欺负弱者、邻里不睦等情况，道德的约束作用，对某些人和某些事情很难发挥作用，单纯依靠道德的约束显然有点苍白无力，应该强化法律的刚性约束作用，出台相应的法律，加强对人的行为的规范约束。例如强化对诚信的表彰和对失信的处罚，对一些没有底线、无视规则和秩序的失德失范行为要加强惩罚力度。法律规范与道德约束宽严相济、刚柔并举，共同促进传统家风的创造性转化。

（三）创新家风传承载体

随着信息技术的不断发展，人们获取信息的途径也越来越多，也越来越便利，信息化工具的便捷性和吸引力远超以纸质为载体的东西，尤其是年轻人对手机、电脑等更加青睐和依赖，所以我们在继续传承纸质的传统家谱、家书、家诫、家箴等的前提下，要好好利用好新兴的网络载体增强家风传承的实效性。利用微信群、QQ群、网站等，突破时间和空间的限制，家庭或者家族成员之间可以通过视频、语音、文字等形式交流情感，长辈可以对晚辈进行教育和引导，晚辈之间也可以进行交流互动，家庭或者家族成员之间还可以分享工作、生活中的一些事情。家庭或者家族成员要经常在群里面分享一些诚信、孝道、礼义等方面的视频、音频、图片，分享一些有利于家庭或者家族青少年成长的正能量的音频、视频等，分享家庭或者家族的治家理念和治家要求等，以此来达到传承良好家风的效果。国家应该建立家风方面的 App，将古今一些优良家风典故、家风典型、家风模范等推送给民众，引导民众学习优良的修身之要、治家之法等。同时，国家还应该组织一些研究家风建设方面的专家和学者，制定和出台一些加强领导干部家风建设方面的指导意见，为指导广大领导干部和民众建立时代特色的家风提供依据。

（四）将社会主义核心价值观融入家风

时代在发展，社会在进步，观念在变化，但是"家"在中国大众的心目中恒久不变，每年的春运高峰就是明证，哪怕只和父母亲待一晚上一起过个年，也算是团团圆圆地过年了，可以说，"家"的概念深深地烙在每一个中国人的内心深处。这种家风稳定性为家风的现代转型提供了可能，习近平总书记曾经说过："对历史文化特别是先人传承下来的价值理念和道德规范，要坚持古为今用、推陈出新，有鉴别地加以对待，有扬弃地予以继承，努力用中华民族创造的一切精神财富来以文化人、以文育人。"[1]从纵的方面来看，家风的历史传承性，是古代到现代的文化积淀；从横的方面来看，家风又是每一个时代的产物，每个时代的家风都会推陈出新，增加一些新的适合时代的内容，以适应时代的发展。所以，在中国特色社会主义新时代，家风应该做到既吸收又创新，既继承又扬弃，取其精华，去其糟粕，增加新的时代内容，补充一些新的时代精神内容，如尊敬父母、尊敬师长、男女平等、爱国爱家、与人为善、廉洁奉公、为官清廉等。新时代家风以社会主义核心价值观为指引，增加新的时代精神内涵，将社会主义核心价值观的内容融入家风中，使家庭成为落实社会主义核心价值观的基点及个人成长成才成功为民奉献的起点。

在培育和践行社会主义核心价值观的时候，把高大上的内容变得贴近

---

[1] 《把培育和弘扬社会主义核心价值观作为凝魂聚气强基固本的基础工程》，《人民日报》2014 年 2 月 26 日。

生活、贴近群众、贴近实际，让人民群众能够通俗易懂地理解其丰富内涵，掌握其精神实质，这是一个值得思考的问题。社会主义核心价值观是属于宏观层面的价值取向，而家风则是属于微观层面的价值理念。社会主义核心价值观只有与家风相结合，才能够深入人的精神世界，并且转化为人的具体思想观念、价值理念、行为规范等，才能够确保宏大凝炼的内容真正地落细落实。所以，社会主义核心价值观的转化必须从细微之处着手，创新载体，丰富举措，在寻常生活的各个层面上，受众群体能够得到培育与引导，自觉地践行社会主义核心价值观。家风的培育具有多样性，教育家庭或者家族成员最好的方式就是言传身教、耳濡目染等，社会主义核心价值观进家庭、育家人、成家风，在家风的传承过程中形象化、生动化、具体化而直观呈现，让高深宏大的价值观深入浅出。天下大事必作于细、天下难事也必作于易。培育人的价值观念，要从工作生活中细枝末节做起，使人民群众在家风的涵养中实现对社会主义核心价值观的认知认同，并且自觉地践行。对于普通人民群众来说，接受教育的最好方式就是贴近生活，融入日常，契合实际，这也是培育社会主义核心价值观简捷有效的方式。家风在生产生活中产生，又在生产生活中传承与践行，家风在家庭或者家族中可以说是无时不有，无处不在，贯穿于家庭日常生活的始终，涵盖了家庭生活的方方面面，影响着每一个人的心灵和行为。培育和践行家风，从小教育家庭成员爱国爱家、诚实守信、勤劳勇敢、自由平等、公正无私等价值观念，将社会主义核心价值观的内容融入家庭家教家风中，让家庭成员在日常生活中潜移默化地受到感染和熏陶，使社会主义核心价值观深入每个家庭成员的内心世界，成为人们的自觉追求。内蒙古自治区作为各民族大杂居小聚居的地方，各民族之间交往交流交融，大力宣传和弘扬社会主义核心价值观可以促进各民族之间的大团结，所以应该将一些社会主义核心价值观的内容改编成"二人台""蛮汉调""二人转"、山歌、民歌及各种戏剧，以丰富性和感染性来推动社会主义核心价值观进家庭、育家人、弘家风。

三、编写时代特色的家训家规

家风具有时代性的特征，面对社会变迁、时代变化、家庭变故，中华传统家风要想跟上时代的发展步伐，发挥其应有的教化功能，除了继承其优秀内容、学习其优秀内涵、掌握其优秀内核外，还需要推陈出新，进行创新性发展。对于传统家风，我们必须培育和提高历史思维，首先，要实事求是，还历史以公道；其次，要以古鉴今，总结经验；再次，要古为今用，推陈出新；最后，不迷于古，与时俱进。中华人民共和国成立后，老一辈无产阶级革命家为了适应社会主义革命和社会主义建设的需要，严于律己，以身作则，对子女严格要求，家风清正严明。刘少奇曾经告诫自己的子女不能因为自己是国家主席的亲戚就可以搞特殊化。刘少奇还要求子女树立无产阶级的世界观，他认为人活一辈子总要对社会有所贡献，要贡献多一些才好。在我们社会里，只要有贡献，大家都会看到。占小便宜会吃大亏，这是合乎马列主义、无产阶级世界观的。他教育子女心中装着人民，要求子女凡事多从人民的角度出发，要自觉地把个人的选择同人民的需求联系起来。共产党人林枫于 1972 年 10 月 13 日在医院给子女写信，尽管当时已经身患重疾，但是他在信中仍然教育子女要多读马克思和恩格斯的书籍，要子女明白马克思主义的大道理，了解马克思主义的发展史。在中国特色社会主义新时代，编写具有时代特色的家训和家规的时候，要与习近平新时代中国特色社会主义思想联系起来，要将社会主义核心价值观的内容融入其中，要立足于中国梦，要着眼于中国特色社会主义先进文化建设，使家风的内涵更丰富、外延更广阔，更具有中国特色和时代气息。现代社会，信息技术高度发达，民众获取信息的渠道多种多样，各种精神文化产品也在深刻地影响着民众的精神世界和价值观念，在编写具有时代特色的家训家规的时候，必须贴近实际、贴近生活、贴近群众，顺应中国特色社会主义新时代的发展需要和社会主义先进文化的建设需要，要有新内涵、新内容、新思想，丰富家风家训家规等的表现形式，以习近平新时代中国特色社会主义思想为指导，用社会主义先进文化进行改造并加以提炼，编写出高标准、严要求、实用性、科学化的家训家规，从而产出高品位、高品质、高层次的家风文化产品，促进家风的创新发展，使家风焕发出强大的生机和活力，以解决我们国家改革开放以来的道德滑坡、精神懈怠、信仰迷失、家庭矛盾等问题。

第四节　充分发挥妇女在家风家教家庭中的作用

在封建宗法制度下，有一些比较陈腐的观念，如重男轻女、男尊女卑等，妇女的地位比较低下。社会主义制度确立之后，中国共产党坚持马克思主义妇女观，积极推进妇女事业的发展，把追求妇女解放、实现男女平等作为追求公平、正义和平等的永恒主题，广大妇女的地位有了极大的改善和提高。妇女能顶半边天，在中国特色社会主义新时代，应该充分发挥妇女在家庭家教家风建设中的积极作用，为中国特色社会主义事业培养一代又一代的接班人和建设者。

一、学习传统优秀家风中的母教文化

在封建社会，广大妇女的地位虽然低下，但是妇女在家庭家教家风建设中发挥的作用，是任何人都无法取代的。数千年来，广大妇女在家庭中默默地做着相夫教子的工作，为家庭、社会和国家培养德才兼备的人才。在中华优秀传统文化中，有许多讴歌、赞美母亲伟大和反映母子（女）关系的诗歌，"慈母手中线，游子身上衣"（孟郊《游子吟》）；"见面怜清瘦，呼儿问苦辛"（蒋士铨《岁暮到家》）；"母别子，子别母，白日无光哭声苦"；"慈母倚门情，游子行路苦"（王冕《墨萱图》）；"父母皆辛苦，尤以母为笃"（徐熙《劝孝歌》）。母亲是伟大的，母爱深沉、笃实、伟大，母亲在孩子成长、成才和成功付出了更多的精力和时间，纵观人的一生，母教的作用是巨大的。母亲是否品行高洁、品德高尚、品质端正，母亲是否有文化、有涵养、有教养，会潜移默化地影响子女的一生。母亲是子女的启蒙老师，其言行举止都会影响到子女的价值观念、行为习惯、思想观念等。在历史发展的长河中，那些有能力、有建树、有贡献的杰出人物，背后都有母亲的默默支持、耐心守望、言传身教等。在这些伟大的母亲中，最具典型的是"古代四母"，她们分别是孟母、陶母、欧母、岳母。"孟母三迁"的故事广为传颂，孟母三次搬家，说明了孟母深知环境对个体成长的重要性；"陶母退鱼"的故事说明了为官廉洁奉公是培育出来的，东晋名将陶侃的母亲严守儿子的廉洁关，是从一件微不足道的小事情——"退鱼"开始的，小节不保，大节必失，这次是鱼，下次可能就是金银财宝，以至于可能在贪腐的路上越走越远；"画荻教子"的故事用来赞美欧阳修的母亲教子有方，欧阳修幼时家里虽然一贫如洗，但是欧母为了孩子成才，用荻在地上书画，教育儿子读书学习，使欧阳修能在逆境中成功实现逆袭；"岳母刺字"的故事更是家喻户晓，南宋著名抗金英雄岳飞的母亲在岳飞的背上刺了"精忠报国"四个字，引导岳飞树立家国情怀，岳母以这种方式激励孩子精忠报国，希望孩子在国家生死存亡之际能够挺身而出，"岳母刺字"说明了家教至关重要，母亲对孩子大爱无疆，尤以教育为首，好的家教对孩子能够起到固本培元的作用。孟母、岳母、欧母及陶母是家庭教育的标杆和典范，在中华民族发展史上，像"古代四母"这些伟大的女性千千万万，母子（女）的情感是人类社会最纯真、最热烈、最紧密的感情类型，母亲孕育我们、生育我们、哺育我们、养育我们、培育我们，我们在生活上依靠母亲、在心灵上依附母亲、在感情上依托母亲，博大精深的中华优秀传统家风就是在千千万万个家庭中，靠母亲一朝一夕、一点一滴、一颦一笑、一言一行而形成的，形成了以向善和向上为内核，以言传身教和耳濡目染为特征的母教文化。

在家庭中，为人父母者，不仅仅要扛起家庭生活的重担，还要承担起培育子女的责任，要给孩子提供强大的物质支持，以满足孩子的衣食住用行。伟大的革命导师恩格斯就曾经指出："父亲、子女、兄弟、姊妹等称呼，并不是单纯的荣誉称号，而是代表着完全确定的、异常郑重的相互义务，这些义务的总和构成这些民族的社会制度的实质部分。"① 一个失败的父母是不能够给孩子指点迷津的，也不足以引导孩子守正道、走大道，步入正确的人生轨道。我们现代很多家庭在传统母教文化传承方面面临一些困境，母亲教育最重要的是德教，有些家庭能够教育孩子成才，但未必成人，李双江老师的儿子李天一就是较典型的代表。李天一小时候很优秀，但是长大之后则变了，变得无法无天，最终因犯罪行为被判刑入狱。像李天一这样的案例数不胜数，这与父母尤其是母亲的教育方式方法失当有着极大的关系。因此，现代广大家庭尤其是领导干部家庭，在给孩子提供丰厚的物质生活和优越的生活环境的同时，一定要汲取传统的母教文化，学习传统的母教智慧，注重终身获益的教子之道，为家庭培养出好成员，为社会培养出好公民，为国家培养出好人才。习近平总书记屡次强调家庭家教家风建设，因为总书记对家风的重要性有着切身的感受，他对国家、民族、人民的责任感和使命感是从幼年萌发的。抗日英雄马本斋能够在抗日战争中有卓越贡献，和其母亲白文冠从小的谆谆教导有着极大的关系。马本斋的母亲从小给马本斋讲一些"苏武牧羊""精忠报国"等故事，教导马本斋要做正直的人，要有一颗爱国的心。在抗日战争中，马本斋的母亲白文冠还帮助马本斋组建抗日队伍，白文冠被日本侵略者逮捕之后，坚决不吃日本饭，绝食7天英勇就义，以此明志并且保护马本斋。母亲为国捐躯之后，马本斋写下了"宁为玉碎洁无瑕，烽火辉映丹心花。贤母魂归浩气在，岂容日寇践中华"。在以后的抗战日子里，马本斋牢记母亲的教诲，奋战在抗击日军的前沿，为抗战作出了突出贡献。② 我们在汲取传统母教文化营养的同时，也要学习老一辈无产阶级革命家的红色家风，红色家风把党的优良作风与优秀家风相结合、相融合，既体现了老一辈无产阶级革

---

① 恩格斯：《家庭、私有制和国家的起源》，人民出版社，2018年，第29页。
② 《白文冠、马本斋：母子两代英雄》，《河北日报》2021年6月25日。

命家个人的魅力和家风的强大感召力，又展现了中国共产党的战斗力和凝聚力，需要学习和弘扬。

二、广大妇女要做好家庭的贤内助

中国古训有"妻贤夫祸少"之说。妇女在家庭中扮演着重要角色，也是社会中的重要群体，其地位和作用在古今中外均有不少的精辟论述。中国封建社会的小农经济主要是一家一户经营，男耕女织，男主外女主内。广大妇女除了在家干家务外，还承担起了相夫教子的重任。闺阃乃圣贤所出之地，母教为天下太平之源。苏联教育家克鲁普斯卡娅也曾经说过："如果你在家教育儿子，就是在教育公民了，如果你在家培养女儿，那就是在培养整个民族。"① 习近平总书记也曾经说过，"没有妇女，就没有人类，就没有社会。"② 可以说，家庭的和睦、社会的和谐、国家的兴亡均与妇女息息相关。中国近代著名的思想家、政治家、教育家和史学家梁启超先生为了中国的社会变革而奔走呼号，付出了毕生的精力，还和康有为等人领导了著名的戊戌变法运动。梁启超不仅自己成就卓越，而且其家庭教育方面也让世人羡慕，"一门三院士，九子皆才俊"，创造了中国家教的神话。梁启超致力于中国的社会改造而四处奔走，照顾父母、教育孩子的重担落在其妻子李蕙仙身上。李蕙仙出身名门，家境殷实，父亲又是清朝的高官，所以李蕙仙从小受到了很好的教育。在与梁启超结婚之后，李蕙仙来到广东生活。梁家生活贫困，南方气候湿热，语言又不通，换作一般人是待不下去的。但是，真正受过教育的大家闺秀的可贵之处在于她的忍耐。李蕙仙到了广东之后，学粤语、干家务、做农活、侍奉公婆，在教育子女方面更是舍得花时间、金钱和精力。戊戌变法失败后，梁启超逃到了日本，李蕙仙和家人也被迫到澳门避难。为了不影响全家人的情绪，李蕙仙在困难面前从不低头，不让小事情影响丈夫的大事业。李蕙仙去世之

---

① 张俊国：《习近平的家风思想略论》，《中共杭州市委党校学报》2017 年第 4 期。
② 《习近平在全球妇女峰会上的讲话》，《人民日报》2015 年 9 月 28 日。

后，梁启超充满深情地写了一篇碑文纪念夫人："我德有阙，君时匡之；我生多难，君扶将之。我有疑事，君权君商；我有赏心，君写君藏。"① 梁启超夫人的齐家之道值得后人学习和借鉴，广大家庭中的妇女要注重廉洁齐家的教育，承担起养育子女、孝敬老人的责任，要充分发挥弘扬中华优秀家风的独特作用，让家风蔚然成风，让优良家风促进社会文明新风。作为领导干部家庭中的妇女，更要做好贤内助，不仅要勤俭持家、孝顺翁姑、从严教育和约束子女，还要劝夫清廉从政，使丈夫在学业、事业、品德等方面都有所提高。

第五节　建立健全完善的家风制度体系

制度建设带有长期性、稳定性、全局性和根本性的特征。在中国特色社会主义新时代，建立健全完善的家风制度体系是全社会共同面对的一个重要课题，其中家风的制度化建设是核心。完善新时代家风制度化建设，发挥制度的刚性约束与规范作用，需要进行一系列的制度建设，包括推进家庭立法、亲属规避制度、规范保障机制、考评和考核机制等。只有持续不断地建立健全家风制度体系，将领导干部手中的权力关进制度的笼子里，推进领导干部清廉清白清正家风的常态化建设，以良好家风助推党风廉政建设。

一、积极推进新时代家风法治化进程

"小智治事、中智治人、大智立法。"古往今来，优秀的执政者都视法律为治国之要，放眼世界各国，凡是社会治理好的国家、社会秩序稳定的国家，都拥有一套完备、严密、科学的法律体系。法律是治理国家的重

---

① 梁启超：《李夫人蕙仙葬毕告墓文》，《北方杂志》1925 年第 1 卷第 3 号。

器，而良法是善治的前提，通过法律规范社会，既能够体现公平又可以保证效率，对新时代家风建设有着很好的保障和推动作用。应大力推进新时代家风立法，贯彻和落实家风的法治保障，落实相应的责任和义务。2001年4月28日第九届全国人民代表大会常务委员会第二十一次会议修正的《中华人民共和国婚姻法》（现已被废除）第一章总则部分规定了保护妇女儿童的合法权益，第三章对家庭关系也作了18条规定，包括赡养老人、抚育子女等；2018年10月26日修订的《中华人民共和国妇女权益保障法》是为了保护广大妇女权益，促进男女平等，大力发挥妇女在中国特色社会主义事业中的作用，按照宪法和我国的具体情况而制定的法律；2021年12月20日至24日，第十三届全国人大常委会第三十二次会议首次审议了妇女权益保障法修订草案，这次修订首次对"歧视妇女"的具体含义进行了规定，还将丰富人格权益保障内容及对精神控制残害妇女的行为作出了禁止规定，其中第七章第四十三条到第五十一条对妇女婚姻家庭权益作出明确的规范和保障；2020年5月28日，中华人民共和国第十三届全国人民代表大会第三次会议通过的《中华人民共和国民法典》第二十六条规定了"父母对未成年子女负有抚养、教育和保护的义务。成年子女对父母负有赡养、扶助和保护的义务。"这样就使得尊老爱幼这一中华民族传统美德有法可依。2021年10月23日，中华人民共和国主席习近平签署了中华人民共和国主席令第九十八号，公布了《中华人民共和国家庭教育促进法》，2021年10月23日第十三届全国人民代表大会常务委员会第三十一次会议通过，自2022年1月1日起施行。《中华人民共和国家庭教育促进法》共有六章，分为总则、家庭责任、国家支持、社会协同、法律责任、附则。《中华人民共和国家庭教育促进法》的制定是为了发扬中华民族重视家庭教育的优良传统，引导全社会注重家庭、注重家教、注重家风，增进家庭福祉与社会和谐，培育德智体美劳全面发展的社会主义建设者和接班人。《中华人民共和国家庭教育促进法》第一章总则部分的第二条对未成年人实施"道德品质、身体素质、生活技能、文化修养、行为习惯等方面的培育、引导和影响"，将未成年人的道德品质教育放在教育之首，这是对中华优秀传统家风的继承、弘扬和刚性规范。《中华人民共和国家庭教育促进法》第二章将"教育未成年人爱党、爱国、爱人民、爱集体、爱社会主义，树立维护国家统一的观念，铸牢中华民族共同体意识，培养家国情怀""教育未成年人崇德向善、尊老爱幼、热爱家庭、勤俭节约、团结互助、诚信友爱、遵纪守法，培养其良好社会公德、家庭美德、个人品德意识和法治意识"上升为家庭责任，这里既有对中华优秀传统文化的传承和弘扬，又有对社会主义核心价值观的贯彻与落实。《中华人民共和国家庭教育促进法》还规定了实行科学的教育方法，而且针对性很强，如：加强亲子陪伴、发挥父母双方的作用、寓教于日常生活、言传与身教相结合、关心爱护与严格要求并重、按照未成年人个性特点进行科学引导、父母与子女共同成长等。可以说，《中华人民共和国家庭教育促进法》的出台，将传统的"家事"上升为重要的"国事"，遵循了未成年人成长规律和科学的家庭教育理念，实践性和可操作性强，家庭、学校及社会三方形成合力，使家庭教育效果更好。在新的历史时期，出台这部法律适时、适合、适变，针对的是目前农村地区监护缺失、家庭教育缺位而出现的未成年人权益经常受侵害的现实；针对的是家庭教育主体意识薄弱、教育方式不当的情况；针对的是传统家庭结构和功能的现代流变及家庭教育问题凸显等问题。

还有一系列的党内法规出台，中共中央 2015 年 10 月印发，2016 年 1 月 1 日起施行的《中国共产党廉洁自律准则》第一条就规定了"坚持公私分明，先公后私，克己奉公"，第八条规定了"廉洁齐家，自觉带头树立良好家风"。2016 年 11 月 2 日发布的《关于新形势下党内政治生活若干准则》中明确规定了"领导干部特别是高级干部必须注重家庭、家教、家风，教育管理好亲属和身边工作人员。严格执行领导干部个人有关事项报告制度，进一步规范领导干部配偶子女从业行为。禁止利用职权或影响力为家属亲友谋求特殊照顾，禁止领导干部家属亲友插手领导干部职权范围内的工作、插手人事安排。"这一规定对保持领导干部清白清正的家风和清正廉洁的政治本色起到了积极的作用。2019年3月3日发布的《党政领导干部选拔任用工作条例》第二十七条规定了考察党政领导职务拟任人选要"注重了解社会公德、职业道德、家庭美德、个人品德方面的情况。"为了避免由于任人唯亲而出现的利益共同体问题,《党政领导干部选拔任用工作条例》第五十九条还规定了"不准在干部选拔任用工作中任人唯亲、排斥异己、封官许愿、拉帮结派、搞团团伙伙,营私舞弊"。可以说家风的法治化进程是中国共产党适应新形势而主动求变、科学应变、准确识变的结果。

党的十八大以来,家风立法有了长足的发展,党员领导干部党纪法规也在不断增加家风方面的规定,妇女儿童的权益也得到了进一步的保障,婚姻家庭相关法律也得到了完善。但是,家风方面的法律法规还存在覆盖面窄的问题,存在原则性的规定多而操作性差的问题。所以,应该出台家风建设方面的专门法律,明确家风建设的责任主体、家风建设的内涵、家风建设的方法、家风建设的内容、家风建设的激励机制及家风建设的衡量标准等。在领导干部家风建设方面,还应提出比较详细的规范,为领导干部家风建设提供遵循和依据,也为家风失范的领导干部提供法律准绳。

二、促进领导干部家风制度体系建设

促进领导干部家风制度体系的建设,要遵循家风建设的一般规律,通过家风制度体系规范和约束权力,遏制权力元素渗透家庭、影响家人,就需要对领导干部家风制度体系进行科学的规划和完善的设计,限制领导干部家人对党内政治生活的不当影响、违规干预、非法介入和幕后操控。

(一)科学严谨的考评机制

领导干部的工作业绩在实践、口碑评价在民间。笔者在对各个级别的组织部门进行调研的过程中了解到,组织部门选拔任用领导干部时,也对领导干部家庭关系(主要是直系亲属)进行登记,但是真正对领导干部家人家风的考核工作却少之又少，针对领导干部本人考核多，对其家人考核少，而领导干部的家风与党风又密切相关，因此，要将领导干部家风纳入干部考核体系。中国共产党选拔党员干部坚持德、能、勤、绩的原则，而优良家风本身就是一种德，优良家风为领导干部成长提供正能量，培育正确的"三观"，为领导干部行政用权提供正激励和正约束。中共中央办公厅于 2019 年 4 月印发的《党政领导干部考核工作条例》第八条说领导干部考核首要内容就是领导干部的"德"，规定了考核领导干部的道德品行，重点了解"坚守忠诚老实、公道正派、实事求是、清正廉洁等价值观，遵守社会公德、职业道德、家庭伦理美德和个人品德等情况"。在成为领导干部之后，领导干部家风也是其个人品德、职业道德和家庭伦理美德的折射和表现，所以家风是考评领导干部道德品行的重要方面。各级组织部门在干部的选拔、任用和考评中，要把领导干部家风的社会评价纳入考评体系之中，要把领导干部家庭成员的思想状况、经济情况、工作状态、作风表现等也要纳入考核评价体系之内，近距离、多角度、多渠道、经常化地考核领导干部，既从在领导干部家事上看德识才，又从在领导干部干事上察德辨才，而且要将考核评价的结果作为领导干部选拔任用、岗位变动等的重要衡量标准，这样就能够全面、真实、准确、客观、动态、历史地反映领导干部的道德品质和德行状况。

（二）有效的规范保障机制

一是强化家风建设的内外监督。中国共产党作为执政党，应真正做到权为民所用、利为民所谋，所以对党员领导干部的有效监督是一个必不可少的环节，有效的监督是中国共产党自我净化、自我完善、自我提高的重大举措，也能够确保党始终成为中国特色社会主义事业的坚强领导核心。领导干部家风不正，很容易导致他们滥用权力，没有监督的权力则很容易会出现权力寻租现象，对权力进行有效监督是权力健康运行的制度保障。各项政策措施从出台到贯彻落实均需要有必要的制度进行规范约束，防止出现权力寻租、权力递延、权力滥用现象，防止家庭成为滋生腐败的摇篮，所以家风的制度建设至关重要。建立健全领导干部家风的监督体系是为了让领导干部及其家人不愿及不敢乱作为、不愿及不敢胡作非为、不愿及不敢不作为。家庭或者家族腐败往往具有隐蔽的特点，各类监督很难走进家门、深入家庭，这也是党和政府监督管理的盲区，必须引起足够的重视。领导干部出现"全家腐"的问题，一个重要方面就是在于监督不力。各级纪检监察部门应该建立定期巡查和巡视制度，对领导干部配偶、子女及其配偶的生活、工作、交友、思想、财产、口碑等情况进行专项摸排，及时掌握领导干部亲属的各种活动情况，把对领导干部的监督也从"八小时之内"延伸到"八小时之外"，从工作单位的监督延伸到家庭。各级组织部门、宣传部门、纪检监察部门还要开展"创立清廉家风"活动，组织领导干部子女、配偶接受警示教育，签订助廉保证书，同时还要对领导干部家庭进行家访，将领导干部的家风状况、家庭情况进行备案，进行数据化管理存档，作为干部评议、培养、选拔等的重要依据。在外部监督方面，还要发挥媒体监督、舆论监督、群众监督、社会监督等的作用，让各类监督贯通融合、有序衔接，形成监督合力，增强监督治理效能。

二是建立起官员财产申报制度。官员财产申报与公开制度是各国打击腐败的利器，美国从1978年就开始实行官员财产公开申报制度，并且还出台了《政府官员行为道德法》，1989年又将其修订为《道德改革法》，这一法律是美国官员财产申报的重要遵循，规定：总统、副总统、国会议员、联邦法官及立法、行政、司法部门的工作人员，必须在任职前申报自己的财产情况，任职之后还必须按月进行申报；俄罗斯相关法律规定官员财产申报主体包括联邦国家职位的人员及其配偶和未成年子女、联邦国家公务职位的人员即联邦国家公务员及其配偶和未成年子女、非营利性质的国有公司负责人及其配偶和未成年子女，申报内容包括收入情况、财产情况和财产性债务债权信息；法国早在1998年就制定了《政治家生活资金透明度法》，按照该法规，宪法委员会在《政府公报》上公布总统选举结果时，要附上当选者的财产申报单，参议院和国民议会的议员在上任后的15 天内，也要向各自所属的议院办公厅交一份以名誉做担保的财产状况申报单；泰国于 1981 年颁布了《国家公职人员财产与债务申报国家法令》，该法令规定公职人员对其在国内外财产和债务，以及申报人应得的与夫妻或者他人共有财产中的部分，必须进行如实申报。国外成功的实践经验已经充分表明，官员财产申报与公开制度是预防和遏制腐败的重要制度。我国于 1987 年正式提出官员财产公示制度，1994 年第八届全国人大常委会将《财产申报法》正式列入立法规划。1995 年 4 月 20 日，中共中央办公厅、国务院办公厅联合发布了《关于党政机关县（处）级以上领导干部收入申报的规定》。2010 年 6 月，中共中央办公厅、国务院办公厅再次印发《关于领导干部报告个人有关事项的规定》，2012 年 12 月，广东省第一次将官员财产申报试点工作提高到了省级层面。但是时至今日我们国家还没有一部正式的官员财产申报与公开的法律，制定、出台相关法律法规也刻不容缓。曾经有一段时间，网络上曝出的"房姐""房叔"及"表哥"，还有各地区各级纪检监察部门公布落马官员"巨额财产来源不明"的问题，这都反映了很多领导干部财产来源不正不明，因此要尽快出台具有可操作性的官员财产申报方面的法律，使官员财产申报有法可依，以解决现有的相关规定处罚困难、家属抵触、核查困难等问题。所以，必须要用新的理念和措施来破解官员财产申报问题。

首先，官员财产申报制度要做到有法可依。官员财产申报制度不仅对党风廉政建设和反腐倡廉工作意义重大，而且也是预防和惩治腐败的关键举措。从我国目前的实际情况来分析，官员财产申报主要靠一些政策和规定，导致存在约束力不强、强制性不够、覆盖面不广的问题。因此，为了切实解决腐败问题，从制度的长期性、稳定性来看，都非常有必要由全国人大常委会立法，以国家法律形式来规范官员财产申报问题，从制度层面为全面推行官员财产申报这项阳光法案创造条件。与此同时，此项制度在做好顶层设计的时候，还需要人民群众的认可，才具有权威性和科学性，要把官员财产申报制度的受理、公示、监督及惩处机制很好地贯彻落实，才可以真正起到对领导干部的监督作用。

其次，官员财产申报要运用信息技术。官员财产申报的公开化和可操作性需要一个前提条件，那就是需要建立全国性的财产申报数据中心，需要对数量众多的官员财产申报材料进行信息化处理。而现代信息技术的发展也为其提供了可能，在新一轮的信息技术浪潮下，大数据、互联网等信息技术的发展为官员财产申报和廉政监督发挥了极为重要的作用。一方面，通过互联网的共享，对财产申报的信息数字化、可视化，对廉政风险进行很好的判断和预警，这既能够提高核验效率，还可以对领导干部的廉政风险进行精准预判和研判；另一方面，通过互联网的共享，建立大数据监督平台，可以更好地发挥监督效能，将官员的财产状况，例如房产情况、存款情况、金融有价证券情况、子女配偶从业情况及经商办企业情况等通过互联网平台有重点、分步骤地公布于众。群众的眼睛是雪亮的，如果民众认为官员财产存在问题，就可以通过相关监督举报平台和渠道反映情况，这样能够使一些"隐形人"无处遁形。

再次，要深化相关方面配套制度改革。在金融、买卖流通等方面要推进实名制管理，减少官员的腐败收益，也便于纪检监察部门进行核查，从而遏制腐败的发生；实行金融报告制度，对可疑现金交易和大额金融交易要及时进行报告；要严防官员向境外转移财产和资金，严厉打击各种类型的洗钱违法犯罪行为，对我国公民因私出国携带现金要进行限制，对公民出国消费要进行限额等，这样就可以堵死一些贪官"捞了就跑，跑了就了"的路子。

（三）全面的亲属回避制度

中国历史上就有采取亲属回避制度，早在北宋仁宗时期就颁布了《服纪亲疏在官回避条制》，要求有直接血缘关系和姻亲关系的人员应避免在同一衙门，或有上下级关系的衙门，或互为监察的单位担任职务。清朝官场上更是流行"莫用三爷，废职亡家"之说。领导干部亲属凭借权力谋取私利的现象是改革开放以来全社会关注的一个热点、难点和重点问题。从20世纪80年代开始，中共中央先后出台了20多项规范约束领导干部家人及其亲属从业行为的制度，获得了一定的效果。但是，相关的制度规范过于笼统，缺乏可操作性，起到的规制作用不明显，以至于领导干部亲属违规经商、办企业等问题屡禁不止。近年来，各级纪检监察部门查处的领导干部贪腐案件中，"全家腐"的案件数不胜数，这些案件也为广大人民群众深恶痛绝，成为危害党风政风、影响干群关系的毒素。党的十八大以来，习近平总书记非常重视党内制度建设，突出强调抓"关键少数"，对领导干部亲属从业、从政等行为进行了规制。2015年2月，习近平总书记主持召开了中央全面深化改革领导小组第十次会议，审议并且通过了《上海市开展进一步规范领导干部配偶、子女及其配偶经商办企业管理工作的意见》，决定在上海进行先行先试。2016年4月开始，新疆、广东、北京、重庆等地也陆续试行关于规范领导干部配偶、子女及其配偶经商办企业行为的规定，明确强调了要严格区分经商办企业行为，对规范程序也进行了细化，这为规范领导干部亲属从业行为提供了重要遵循，让领导干部及其亲属明白当官就不能发不义之财，自觉强化清白家风建设。《中国共产党纪律处分条例》（2018年修订）第七十六条规定了在干部选拔任用工作中，有任人唯亲、排斥异己、封官许愿、说情干预、跑官要官或者调整干部等违反干部选拔任用规定行为的问题，对直接责任人和领导责任者视情节给予党内处分，这就对领导干部任人唯亲的问题进行了规制。《中国共产党纪律处分条例》第八章第八十五条、八十六条、八十七条、八十九条、九十五条、九十七条、九十九条对领导干部及其配偶、子女及其配偶作出了禁止性的规定，对违反党纪的行为也有相关的处分规定。《中国共产党廉洁自律准则》（中共中央2015年10月印发）中对党员廉洁自律规范有四条规定，突出强调了"四个坚持"，这"四个坚持"与中华优秀传统家风对个人在修身方面的要求是相一致的。《中国共产党廉洁自律准则》对党员领导干部廉洁自律规范也有四条规定（即第五条到第八条），其中

第八条指出领导干部要"廉洁齐家，自觉带头树立良好家风"。这一系列的党内法规，让家规变成了党纪，从正面鼓励和提倡领导干部要建立优良家风，将领导干部的家庭生活与党内政治生活相连，将领导干部家风与党风相连。

建立全面的领导干部亲属回避制度可以有效防止权力寻租现象的发生，消除由于用人唯亲而出现的权力递延情形，减少利用亲属关系对正常的政治生活和社会生活的影响。改革开放以来，对于领导干部亲属回避制度，我国一直在不断地进行探索和完善，领导干部亲属回避制度也越来越规范，对防止领导干部滥用职权为亲属谋取私利和徇私舞弊起到了重要的作用。但是，领导干部亲属回避制度还需要在实践中发展和完善，需要在以下几个方面进行明确和规范：

首先，要明确领导干部的回避目标。领导干部在任职和履职过程中，要做到回避亲属、回避籍贯、回避事务。回避亲属是指要尽量避免亲属在其任职的地方从事营利性的活动，例如任职、经商、办企业、工程建设等，领导干部本人也要避免在亲属关系多的地区担任领导职务；回避籍贯是指领导干部要尽量避免在自己的籍贯所在地任职，籍贯所在地亲朋好友、门生故旧、同学同乡等关系网纵横复杂，在籍贯所在地为官不仅会出现开展工作难的现象，还会出现选人用人的近亲繁殖现象，所以不同地区的干部应该经常进行交流调剂，避免领导干部本地化；回避事务是指领导干部在开展工作时，应该回避涉及本人及其近亲属有利害关系的事务，避免以权谋私、徇私枉法现象的发生。

其次，要规范领导干部的回避范围。领导干部回避范围涵盖了任职回避和事项回避。按照领导干部的籍贯和职务，省级领导干部任职尽量实行省级之间交流回避，市级领导干部任职要尽量实行市级之间交流回避，县级领导干部任职尽量实行县级之间交流回避；同一地区回避的范围主要是直系亲属和近亲属，部门回避范围应以直系亲属或者近亲属不在同一机关为原则；垂直管理部门回避的范围应以直系亲属或者近亲属没有上下级的隶属关系为原则；一些要害部门、特殊行业、关键领域亲属回避的范围应该有所扩大。领导干部事项回避范围主要涉及利益问题，不能为亲属及特定关系人的营利性活动提供便利；领导干部亲属及特定关系人不能在领导干部工作范围内进行营利性活动；不能以说情、打招呼、请托的方式为亲属和特定关系人谋取利益；领导干部亲属和特定关系人不能在其工作的地区、单位进行或者参与经济活动等。

再次，要做好领导干部回避信息登记。各级组织部门应该做好领导干部家庭信息登记，建立信息台账，对领导干部的家庭成员、社会关系、任职和经商等情况进行详细登记，对领导干部的履历进行登记，以作为任职回避和事务回避的依据。

第四，强化对领导干部回避的监督。对领导干部的监督，除了群众监督、舆论监督、人大监督和党内监督之外，还应该借助新媒体手段进行监督，例如可以利用抖音、快手等形式进行监督，或通过网络发帖等形式进行监督，这样可以将一些领导干部以权谋私、用人唯亲，为亲属和特定关系人谋取利益的行为公之于众，这样的监督效果更好一些。

建立全面的亲属回避制度，是保护领导干部、促使领导干部健康成长的重要途径，将领导干部从错综复杂的关系网、人情网及亲属网中解放出来，摆脱人际关系中的被动局面，可以甩开膀子干事创业。

（四）家风失范的问责机制

与普通人民群众相比较，领导干部掌握着一定的公权力，这就决定了领导干部的部分家庭生活应该让世人知晓，尤其是与公权力相连的家庭生活、家人活动等，普通民众对其应当有知情权。领导干部家风不正，不仅要受到全社会的道德谴责，还应该受到相应的党内政治问责，对领导干部家风失范的问题要坚持失责必问、问责必严的原则；坚持权责一致、错责相当的原则。对于一些家风失范的领导干部，可根据危害程度进行通报、诫勉、组织调整或者组织处理、纪律处分。中国共产党在 2009 年 6 月 30 日就印发过《关于实行党政领导干部问责的暂行规定》，这个问责规定相当于一个党内文件，而并不是一部具有系统性与权威性的党内法规。2016年6月28日，中共中央政治局召开会议，审议通过了《中国共产党问责条例》。2019年9月4日，中共中央印发了修订后的《中国共产党问责条例》，在第七条应当问责的情形中，对出现"团团伙伙、拉帮结派"的问题，以及"党内政治生活不严肃不健康"的问题要进行相应的问责；对"损害和侵占"群众利益问题得不到整治，以言代法、以权压法、徇私枉法问题突出，群众身边腐败和作风问题严重，造成恶劣影响"的情形要进行相应的问责。这些情形均或多或少地与领导干部家风不正有关系。建立健全对领导干部家风失范的问责机制，既是全面从严治党的重要举措，旨在强化领导干部这一责任主体的领导责任、监督责任与主体责任，确保其在私域与公域、家庭与单位、家人活动与领导干部本人活动、家庭生活与政治生活交集范围能发挥重要作用。从中共十八大以来各级纪检监察部门查处的各类贪腐案件可以看出，领导干部家风败坏，在经济上造成大量国有资产流失，破坏了市场经济秩序；在政治上导致规则被破坏、法律被践踏、政治生态被污染。苏某某的妻子于某某频繁插手土地出让，就使国有资产流失达10亿元，为了一己之私竟然导致国有资产以白菜价出售。因此，各级各类问责主体必须加强对领导干部家风败坏等问题的执纪问责力度，使各级领导干部及其家人心有所畏、言有所戒、行有所止，知敬畏、存戒惧、守底线，变外在的问责压力为内在的严以治家的动力，强化清白家风建设。

（五）建立家风的奖惩机制

家风的奖惩机制是建立在相应的社会评价机制基础之上的，是中国特色社会主义新时代家风建设落实落细落小的重要途径，奖惩机制包括两方面的内容，对清廉家风进行褒奖和鼓励，对不正家风进行褒贬和批评；对那些家风优良的先进家庭和先进个人应该给予表扬、表彰和奖励，对那些家风不正的家庭和家庭责任人应该采取措施进行制止和处罚；对于家庭和睦、尊师重教、乐于助人、尊老爱幼等家风好的家庭要给予适当的物质和精神奖励，并且作为先进典范进行宣传，对家庭不睦、家风不正、家人不和的家庭要进行教育和惩戒，特别是对家风败坏，牵涉到触犯国家政策和法律的家庭要进行必要的法律制裁。各地区、各部门、各单位可以根据自己所在地区、部门、单位实际情况构建好家风评价指数，设立科学的家风评价标准，建立家风奖励项目，例如"新时代好少年""五好家庭"（"五好"为尊老爱幼、男女平等、夫妻和睦、勤俭持家、邻里团结）等，还可以设立一些"家庭文明奖""家风优秀奖""优秀母亲奖""贤内助奖"等奖项，家风的奖惩措施也应该是多元化的，可采取经济手段、行政手段、法律手段、舆论手段等多种措施奖优罚坏，让广大家庭、人民群众和领导干部辨善恶、明是非、知荣辱，激励广大家庭的家风向好向上向善发展。建立领导干部家风的奖惩机制，以引导、推动和激励家风建设的规范化、长效化、科学化建设。广大党员领导干部是人民群众的公仆，在人民群众心目中有很高的道德期待和角色期许，党风廉政建设的首要对象也是广大领导干部，领导干部家风严正会对党风廉政建设起到促进和保障作用。从近年来一些落马官员贪腐的案件可以看出，官员的腐化堕落往往离不开"贪内助""浪荡公子"的推波助澜，所以对给予领导干部工作、生活以大力支持的"贤内助"要进行相应的褒奖，对于领导干部的子女在领导干部家风建设中作表率的情况，学校、社会、政府、单位要进行相应的表扬和表彰。对家风不正、家风不良、家风不严的领导干部及其家人，有负面影响的人和事，有违法乱纪情形的人和事要进行批评教育和诫勉。在建立领导干部家风奖惩机制的过程中，还要把领导干部家风建设纳入年度考核任务，纳入精神文明创建、基层党建、干部选贤任能等的重要考量要素，将家风行为奖惩制度作为干部评优评先、部门奖惩兑现、党员党性修养评价等的重要参考。建立和健全领导干部家风的奖惩机制能够引领广大领导干部从严治家、科学教家、清廉养家，把家庭建设成为温馨的港湾，建设成为抵御腐败的重要防线。

（六）建立对领导干部的家访制

为了打造忠诚、干净、担当的领导干部队伍，将领导干部的政治素养和政治素质考准考实考好，就需要了解领导干部的所思所想所愿所求，就应该建立对领导干部的家访制。各级组织部门、纪检监察部门和机关党委等部门要开展对党员领导干部的政治家访，以和领导干部拉家常的方法，全面掌握领导干部的家教家风、家庭动态等情况。

首先，对领导干部的家访对象要全覆盖。对领导干部的父母亲、配偶、子女进行家访，必要时还应该对领导干部的旁系亲属及近亲属进行家访。对领导干部家庭的家访每年至少进行一次，如遇到特殊情况，还应该进行随机走访。家访的形式主要有登门访问、电话访谈、微信和 QQ 线上访问等，努力做到应访尽访。

其次，对领导干部的家访内容要实打实。对领导干部进行家访时，要有针对性、导向性和政治性，全面掌握领导干部在"八小时之外"的活动情况和行为表现等。进行家访时，要掌握领导干部在"八小时之外"的育子情况、交友情况、娱乐情况及兴趣爱好等，分析了解领导干部的价值观念和行为理念是否高尚，了解领导干部是否孝顺长辈、关爱家人，家庭关系是否和谐等，家风是否清正清白；通过了解领导干部的日常消费情况、支出情况等，掌握分析领导干部是否勤俭清廉；通过走访领导干部的邻居、下属及社区群众等，掌握分析领导干部的口碑及社会评价。通过面对面沟通，能够增进领导干部家人对领导干部工作的理解和支持。

再次，对领导干部的家访结果要重实效。对领导干部的家访结束后，组织部门、纪检监察部门及机关党委等部门要严肃认真地整理领导干部家访情况，对领导干部的家访情况进行汇总，建立家访工作台账，实行一人一档管理。根据每年掌握的领导干部家庭情况，形成对领导干部家风的总体评价意见，作为选拔和任用领导干部的依据。

领导干部要注重培育和弘扬具有时代特征和中国特色的家风、注重家庭伦理道德和核心价值观的传承和建构，这不仅是实现中国特色社会主义伟大事业的历史责任，也是承续中华优秀传统文化的使命担当，更是打造风清气正家庭文化生态、净化政治生态、严肃党内政治生活的现实需要。

蓸

参考文献

［1］《马克思恩格斯选集》（1-4 卷）［M］. 北京：人民出版社，1972.

［2］《毛泽东选集》（1-5 卷）［M］. 北京：人民出版社，1991.

［3］《毛泽东文集》（1-8 卷）［M］. 北京：人民出版社，1999.

［4］《建国以来毛泽东文稿》（1-13 卷）［M］. 北京：中央文献出版社，1998.

［5］中共中央文献研究室编辑委员会.《周恩来选集》［M］. 北京：人民出版社，1984.

［6］《邓小平文选》（1-4 卷）［M］. 北京：人民出版社，1994.

［7］《胡锦涛文选》（1-3 卷）［M］. 北京：人民出版社，2016.

［8］《习仲勋革命生涯》编写组.《习仲勋革命生涯》［M］. 北京：中共党史出版社，2002.

［9］《红色家书》编写组.《红色家书》［M］. 北京：党建读物出版社，2016.

［10］中共中央文献研究室、中央档案馆.《建国以来刘少奇文稿》（第一、二册）［M］. 北京：中央文献出版社，2005.

［11］刘少奇.《刘少奇选集》（下卷）［M］. 北京：人民出版社，2018.

［12］颜之推.《颜氏家训全译》［M］. 程小铭，译注. 贵阳：贵州出版集团，2008.

［13］阎旭蕾，杨萍.《家庭教育新论》［M］. 北京：北京大学出版

社，2012.

［14］周中之，石书臣.《社会主义核心价值体系教育探索》［M］. 上海：上海人民出版社，2007.

［15］翟博.《中国家训经典》［M］. 海口：海南出版社，2002.

［16］《曾国藩全集：书信》［M］. 长沙：岳麓书社，1991.

［17］钱穆.《国史大纲》［M］. 北京：商务印书馆，1994.

［18］费孝通.《乡土中国》［M］. 上海：世纪出版集团，2006.

［19］谢觉哉.《谢觉哉家书》［M］. 北京：生活书店出版有限公司，2016.

［20］高建新.《自然之子——陶渊明》［M］. 呼和浩特：内蒙古大学出版社，2003.

［21］欧阳淞.《党的建设论稿》［M］. 党建读物出版社，2011.

［22］习近平.《习近平谈治国理政》（第三卷）［M］. 北京：外文出版社，2020.

［23］习近平.《习近平书信选集》（第一卷）［M］. 北京：中央文献出版社，2020.

［24］郭震海.《传承好家风延续民族文明之魂》［J］. 领导科学论坛（下），2016.

［25］黄铁苗，徐常建.《重视家教家风建设的思考》［J］. 岭南学刊，2016（03）.

［26］路丙辉.《中国传统家风及其当代传承的社会理路》［J］. 重庆理工大学学报（哲学社会科学版），2015（02）.

［27］丁素.《家风对官德的濡染与对策》［J］. 领导科学，2015（12）.

［28］焦科慧.《家风、家训和家规内涵探析》［J］. 新西部，2016（36）.

［29］刘东超.《家风：从传统资源到当代建设》［J］. 半月刊，2017（03）.

［30］彭军.《家风：立德树人永恒主题的研究与思考》［J］. 思想政治教育研究，2017.

［31］赵忠心.《中国家庭教育五千年》［J］. 北京：中国法制出版社，2003.

［32］薛万博.《家风不正之殇》［J］. 党的生活，2014（07）.

［33］张威，盛海英.《家风传承为道德建设"保驾护航"》［J］. 人民论坛，2017（01）.

［34］迟爱萍.《陈云家风》［J］. 红色家风，2020（05）.

［35］郭慧，王碧薇.《承续沂蒙红嫂家风好传统》［J］. 党建，2016（06）.

［36］王慧敏.《传承良好家风是推动社会治理的有效手段》［J］. 知与行，2017（05）.

［37］申雯，邓海良.《传承优良家风助力家庭教育》［J］. 湖南科技学院学报，2017（03）.

［38］胡亚玲.《家风研究的文献综述》［J］. 学理论，2016（06）.

［39］张琳，陈延斌.《传承优秀家风：涵育社会主义核心价值观的有效路径》［J］. 探索，2016（01）.

［40］张现洪，刘湘平.《传承优秀家训，树立良好家风》［J］. 乡村治理，2016（12）.

［41］肖群忠，李营营.《传统家训中的"廉洁""廉政"道德及其时代价值》［J］. 学术交流，2017（01）.

［42］彭慧，赵晓锋.《传统儒家政治伦理与廉政文化建设关系思考》［J］. 中华文化，2017.

［43］任者春.《从"为政以德"到"化民易俗"：中国古代核心价值观践行的基本经验探析》［J］. 山东大学学报（哲学社会科学版），2016（01）.

［44］安丽梅.《从红色家风的弘扬谈领导干部家风建设的优化》［J］.

实事求是，2017（02）.

［45］单洁.《从家出发：习近平总书记的"家国情怀"》［J］. 共产党员，2017（02）.

［46］王均伟.《焦裕禄家风：任何时候都不搞特殊化》［J］. 中国纪检监察杂志，2017（04）.

［47］邹庆国.《领导干部的家风建设与核心价值观的践行》［J］. 中共云南省委党校学报，2016（02）.

［48］杨峥嵘.《浅谈领导干部家风建设》［J］. 中共银川市委党校学报，2016（05）.

［49］朱辉宇.《领导干部必须注重家风建设》［J］. 理论视野，2015（03）.

［50］吴世丽.《领导干部家风建设中的问题及其应对》［J］. 廉政文化研究，2017（02）.

［51］潘铎印.《领导干部须带头廉洁修身齐家》［J］. 思想政治工作研究，2017（02）.

［52］邓保生.《领导干部要带头以好家风涵养好作风》［J］. 党建，2017（04）.

［53］施亚波.《习近平家风建设思想及其实践路径研究》［J］. 中共宁波市委党校学报，2016（06）.

［54］赵银河.《探析新时期加强领导干部家风建设》［J］. 红河学院学报，2020（08）.

［55］曹鹏飞.《发挥党员和领导干部家风建设的政治功能》［J］. 人民论坛，2021（09）.

［56］毕诚.《习近平论领导干部家庭教育》［J］. 基础教育参考，2021（08）.

［57］杨海艳.《新时期加强党员领导干部家风建设的路径选择》［J］. 党政干部论坛，2021（07）.

[58] 唐岚.《领导干部要做良好家风的示范者》[J].机关党建研究，2022（03）.

[59] 韩建明,《推动领导干部家教家风建设常态化》[J].共产党员，2022（04）.

[60] 李荣梅.《新时代党员领导干部家风建设的科学内涵、价值意蕴及实践路径》[J].山东干部函授大学学报，2022（04）.

[61] 李平刚.《浅谈领导干部家风建设》[J].理论学习与探索，2022（02）.

[62] 习近平.《在2015年春节团拜会上的讲话》[N].人民日报，2015-02-18.

[63] 习近平.《在第十八届中央纪律检查委员会第六次全体会议上的讲话》[N].人民日报，2016-05-03.

[64] 王少伟.《家风败坏 祸起萧墙：家风建设系列述评之二》[N].中国纪检监察报，2016-03-30.

[65] 习近平.《在会见第一届全国文明家庭代表时的讲话》[N].人民日报，2016-12-16.

[66] 詹振卿.《创新推进领导干部家风建设》[N].中国纪检监察报，2021-12-14.